남의 노래

돛과닻

일러두기

시·노래는 「 」로, 책·앨범은 『 』로,
영화·뮤지컬·프로그램은 〈 〉로,
전시는 《 》로 묶었다.

외국 인명·제목 등은 외래어 표기법을
따르되 관용적인 표기와 동떨어진 경우
절충하여 대다수 매체에서 통용되는
표기를 따랐다.

원곡 가수 및 곡 정보는 책 마지막에
실었다.

기획의 글

2016년 10월 13일, 스웨덴 한림원은 밥 딜런(Bob Dylan)을 노벨문학상 수상자로 선정했다고 밝혔습니다. 소설가도 시인도 아닌 가수에게 문학상을 주는 게 옳은지를 두고 이러쿵저러쿵 설전이 벌어졌습니다. 밥 딜런의 노랫말이 문학의 품격을 지녔다면, 그건 아마 그의 노랫말이 언어이면서 언어 이상의 것, 이를테면 평화와 사랑의 감각을 우리에게 몸소 가르쳐 주었기 때문일 것입니다.

『남의 노래』는 선율을 떠나서도 한 편의 시처럼 독립된 작품으로 읽히는 노랫말에 관한 관심으로부터 출발한 기획입니다. 특히 다른 나라의 언어로 만들어진 노래, 그래서 번역이라는 생각의 마중물이 필요한 노래를 그 대상으로 삼았습니다. 다섯 명의 공동 저자가 번역자가 되어 외국 노래 가운데 노랫말이 좋은 곡을 선별해 우리말로 옮기고 다듬은 뒤, 산문을 한 편씩 덧붙였습니다.

노래를 중심으로 엮은 책이지만, 음악 그 자체를 다룬다고 할 수는 없습니다. 노래의 번역에 정답이 있다고 여기는 것도 아닙니다. 이 책은 전문 번역가가 아닌 사람들(디자이너 및 편집자, 미술작가, 음악가,

시인)이 각자 자신의 관점 안에서 번역이라는 행위의
의미를 사유한 흔적이기도 하고, 한 곡의 노래에서
출발해 어디론가 마음대로 길을 떠난 기록이기도 합니다.

한 언어가 다른 언어로 옮겨가면 그 와중에 덧붙여지거나
상실되는 것이 생기게 마련입니다. '소리'로 존재하던
것이 '시'가 되면서 행간에서 새로운 '이미지'를 발생시킬
때도 있습니다. 저자들은 노랫말을 번역하는 과정과
그 결과물이 남기는 감각을 다양한 차원에서 살펴보며,
노래라는 세계의 안팎을 탐구했습니다.

이제 번역이 일종의 비평 작업이자 제2의 창작이라는
데에는 이론의 여지가 없을 것입니다. 프랑스의 번역학자
앙투안 베르만(Antoine Berman)은 "비평이 작품에
끝없이 접근하는 것이라면, 번역은 작품을 체험하는
것이다."¹라고 말했습니다. 이 책을 만드는 동안, 노래를
번역하는 일은 확실히 노래를 온몸으로 새로이 불러보고
다시 통과하는 일이라는 생각이 들었습니다.

그리고 노랫말을 시로써 바라보는 것은 분명 근사한
일이지만, 그 노랫말들이 흰 종이 위 검은 글자로만
남아있지 않고 새로운 노래로서 다시금 불릴 때, 언어에
응답하는 언어가 될 때, 더 근사해지리라는 사실도
깨달을 수 있었습니다.

---

1. 『읽기로서의 번역』(고노스 유키코 지음, 김단비 옮김, 도서출판 유유,
2020) 11쪽 재인용.

이 책은 지금까지 돛과닻에서 펴낸 책들과 부호 사용이 조금 다릅니다. 원래는 문화체육관광부가 고시하는 『한글 맞춤법』에서 허용하는 바와 같이 노래는 홑화살괄호(〈 〉)로, 앨범은 겹화살괄호(《 》)로 묶어, 문학 작품이나 단행본 제목과 구분해왔습니다. 하지만, 이 책은 노래 가사를 한 편의 독립된 텍스트로 간주하는 관점에 기대고 있으므로, 노래는 문학 작품처럼 홑낫표(「 」)로, 앨범은 책처럼 겹낫표(『 』)로 표기했습니다. 사소하지만 언급해두고 싶은 부분입니다.

각별히 아껴두었던 플레이리스트에서 고르고 고른 노래들을 공유해준 저자들께 진심 어린 감사의 마음을 전합니다. 이 책을 펴내며 가지는 가장 큰 바람은 독자들이 될 수 있는 한 많은 노래를 발견하고, 듣고, 부르고, 자신의 언어로 고쳐 쓰며 살아가는 것입니다. 그리하여 '남의 노래'는 언젠가 '나의 노래'가 될 것입니다.

2024년 10월
돛과닻 편집자 드림

저자 소개

김영글 프랑스문학과 독일문학, 미술을 공부했다. 익숙한 이야기를 새롭게 직조하는 것에 관심을 두고 페이크 다큐멘터리, 설치미술, 글쓰기, 출판 등의 작업을 해왔다. 『사로잡힌 돌』, 『노아와 슈바르츠와 쿠로와 현』, 『모나미 153 연대기』 등의 책을 썼다. 아 다르고 어 다른 것에 집착한다.

송승언 시인. 시집 『철과 오크』, 『사랑과 교육』, 작품 『직업 전선』, 에세이 『덕후 일기』 등을 썼다. 주로 포크에 바탕을 둔 음악을 애호하는 편이다.

이민휘 음악가. 가지고 있는 이야기를 음악으로 풀기도 하고, 다른 이들의 이야기에 음악으로 함께하기도 한다. '무키무키만만수'라는 밴드로 데뷔했고, 2016년 첫 솔로 음반 『빌린 입』, 2023년 두 번째 음반 『미래의 고향』을 발표했다. 가끔 둠-메탈 밴드 고스롭(Gawthrop)에서 베이스를 친다.

이재민 그래픽 디자이너. 2006년 설립한 스튜디오 에프앤티(fnt)를 기반으로 동료들과 다양한 프로젝트를 진행한다. 음반을 디자인하고, 레코드 가이드북을 만들고, 에세이 『청소하면서 듣는 음악』을 쓰고, 서울레코드페어의 아트디렉션을 담당하는 등 음악과 관련한 일에도 애정을 기울인다. 재즈를 즐겨 듣는 세 고양이와 함께 산다.

최진규 충북 옥천에서 포도밭출판사를 운영하며 책을 만든다. 본문 조판할 때가 가장 즐겁다. 인류학 책을 기획한다. 타이포그래피를 공부한다. 농업기술센터에서 포도농사를 배운다.

5   기획의 글

13   내가 좋아하는 것들 / 이재민
21   3월의 물 / 김영글
31   홀란드, 1945 / 송승언
41   카치타 / 최진규
51   앤젤레스 / 이민휘
57   해후 / 이재민
67   아빠는 로데오 선수였어 / 김영글
79   주간도로 / 송승언
87   사랑 / 최진규
95   흠뻑 빠졌어요 / 이재민
105   해초 / 송승언
115   낙하산 / 이민휘
125   펴놓은 책 / 최진규
133   당신 한 짝 / 김영글
145   굳은 공기 / 이민휘
151   기분 좋아 / 최진규
161   강을 찾아서 / 이재민
173   꾸러미들 / 송승언
185   나는 세상에서 사라졌습니다 / 김영글
193   우리 중 한 사람은 틀리지 않을 거야 / 이민휘
201   복잡해 / 최진규
213   이상한 열매 / 김영글
221   에코 비치 / 이재민
231   작은 사람 / 이민휘
239   경야의 장송곡 / 송승언

251   노래 정보

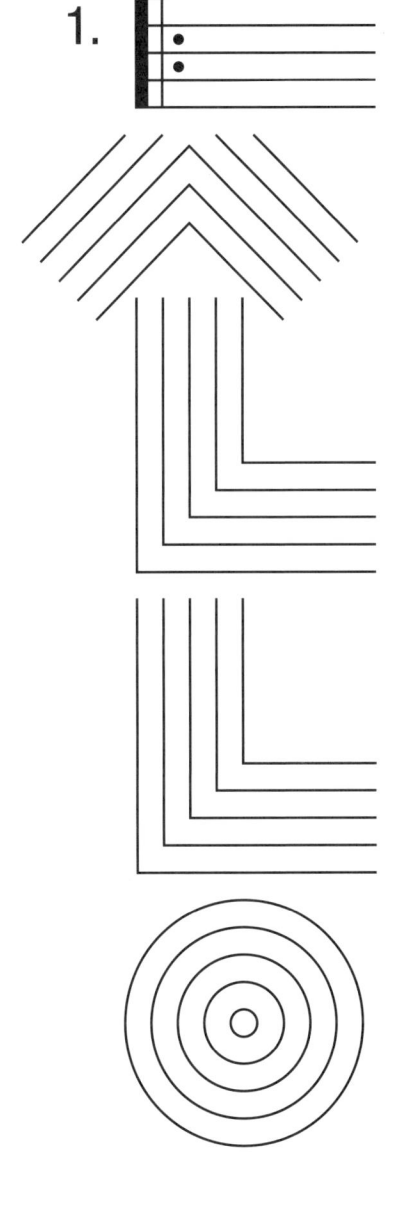

내가 좋아하는 것들

My Favorite Things
1959

작사: 리처드 로저스와 오스카 해머스타인 2세
(Richard Rodgers and Oscar Hammerstein II)
번역과 글: 이재민

Raindrops on roses and whiskers on kittens
Bright copper kettles and warm woolen mittens
Brown paper packages tied up with strings
These are a few of my favorite things

Cream-colored ponies and crisp apple strudels
Doorbells and sleigh bells and schnitzel with noodles
Wild geese that fly with the moon on their wings
These are a few of my favorite things

Girls in white dresses with blue satin sashes
Snowflakes that stay on my nose and eyelashes
Silver white winters that melt into springs
These are few of my favorite things

When the dog bites, when the bee stings, when I'm feeling sad
I simply remember my favorite things and then I don't feel so bad

꽃잎 위에 맺힌 빗방울과 아기 고양이의 수염
반짝이는 구리주전자와 포근한 털장갑
노끈으로 묶은 누런 종이 꾸러미
내가 좋아하는 것들이야

크림색 조랑말과 바삭한 사과파이
현관과 썰매에 달린 온갖 종소리,
파스타를 곁들인 슈니첼
달빛을 받으며 날아가는 거위들
모두 내가 좋아하는 것들이야

하얀 드레스를 입고 파란 비단 머리띠를 두른 아이들
콧잔등과 눈썹 위에 내려앉는 눈송이
봄을 향해 녹아내리는 은백색의 겨울
내가 가장 좋아하는 것들이야

개에게 물렸을 때,
벌에게 쏘였을 때,
온갖 슬플 때도
좋아하는 것들을 떠올리면
금세 괜찮아져

재즈를 좋아한 이후 가사가 있는 노래를 들을 일이
적어졌다. 트리오, 쿼텟 구성의 연주와 앨범에 보통
보컬과 가사가 없기 때문이다. 한국에서 만들어진
노래는 가사와 선율이 하나로 뒤섞여 귀에 들어온다.
반면, 애초에 외국어로 쓰여 단번에 알아듣기 어려운
가사는 음악과 화학적으로 합쳐지지 않고 분리되어 있다.
손목을 기울이면 우수수 쏟아지는, 또띠아 위에 올려놓은
재료들 같다. 그저 목소리라는 악기를 사용한 연주처럼
인식되어, 오히려 의미에 신경쓰지 않고 듣기도 한다.
그래도, 자주 연주되는 스탠더드 곡은 궁금해서 원곡의
가사를 찾아보는 경우가 종종 있다. 「내가 좋아하는
것들(My Favorite Things)」도, 원곡에서는 과연 어떤
좋아하는 것을 나열했을지 궁금했다.

어릴 때 살던 집에는 부모님이 해외 출장 시 구해온
기념품을 넣어 모아두던 장식장이 있었다. 「내가
좋아하는 것들」의 가사는 어쩐지 유년기의 그 까만
나무 장식장을 떠올리게 한다. 나막신을 신은 네덜란드
어린이 모습의 봉제 인형이라든가, 뻑뻑해서 잘 분해되지
않던 마트료시카, 만질 때마다 등에 칠해진 은색 가루가
부슬부슬 떨어지던 코끼리 조각, 밤비나 백설공주 같은
디즈니 캐릭터 도자기 저금통 등이 그 안에 맥락도
없이 빼곡히 진열되어 있었다. 혼자 집에 있는 오후에
그것들을 들여다보거나 만지작대며 시간을 보내고는
했는데, 지금은 하나도 남아있지 않아 서운하다.

「내가 좋아하는 것들」은 1959년에 뮤지컬 〈사운드
오브 뮤직(The Sound of Music)〉에서 처음 소개됐다.

우리에게 익숙하고 유명한, 1965년에 개봉한 영화
버전에서는 마리아 역을 맡은 줄리 앤드류스(Julie
Andrews)가 천둥 번개 치는 밤 "힘이 들 때는 좋아하는
것을 떠올리면 기분이 나아진다"며 아이들을 달래기
위해 이 노래를 가르친다. 캐럴은 아니지만, 가사 속
'좋아하는 것들 목록'에 털장갑, 썰매 종소리, 눈송이,
은백색 겨울 등의 소재가 등장하기에 크리스마스
시즌과도 인연이 깊다. 고풍스러운 먹을 것과 장식품,
온갖 귀여운 것과 새하얀 것들의 심상이 아름답다.

이 노래도 몇몇 뮤지컬 음악처럼 많은 재즈 뮤지션의
사랑을 받았다. 레코드 선반을 뒤져보니 내가 가진
레코드 중에서도 빌 에반스(Bill Evans), 그랜트
그린(Grant Green), 데이브 브루벡(Dave Brubeck)이
연주한 버전 등 여럿을 발견할 수 있었다. 가장 유명한
것은 아마도 존 콜트레인(John Coltrane)이 1961년에
발표한 녹음일 것이다. 하지만 내 페이버릿은 『바다를
바라보던 죠니(海を見ていたジョニー)』라는 앨범에
수록된 버전이다. 여러 해 전 도쿄에 여행 갔을 때
디스크 유니온에서 구입했다. 내 생일을 낀, 아직
쌀쌀했던 2월 말 3월 초였다.

『바다를 바라보던 죠니』는 일본의 재즈 피아니스트
테루 사카모토(坂元輝)가 이끄는 트리오의 공연
실황을 담은 앨범이다. 앨범 제목은 아마도 소설가
이츠키 히로유키(五木寛之)가 1967년에 발표한 동명
소설에서 차용한 것으로 보인다. 「내가 좋아하는
것들」을 포함해 「고엽(Autumn Leaves)」과 「홀로

남겨진(Left Alone)」같은 스탠더드가 담겨있으며,
서정성 가득한 피아노 연주가 그와 대비되는
카랑카랑하며 박력 있는 리듬 섹션과 잘 어울린다.
10분에 가까운 러닝타임의「내가 좋아하는 것들」에서
길게 할애된 드럼 솔로 부분은 해안가 검은 암초
위에서 부서지는 파도 소리처럼 들린다.

겨울의 풍경을 담은 원곡과는 달리, 이 녹음은 늦가을을
배경으로 한다. 1980년 10월 13일에 일본 동북부의 이와테현
리쿠젠타카타시에 위치했던 재즈킷사[1] '죠니'에서의
연주였다. 이 지역은 2011년 동일본 대지진의 피해를
직격으로 입은 곳이다. 시간이 한참이나 흐른 데다 쓰나미가
덮쳤던 지역이니 앨범이 녹음된 그때 그 장소가 지금도
존재할 가능성은 희박하다. 아마도 그 연주가 있었던
시간과 장소를 상상해 보았던 것이,「내가 좋아하는
것들」의 여러 버전 중에서도 이 곡을 특별히 여기게 된
이유 중 하나일 거다. 보컬과 가사가 없는 연주곡이라서
원곡에 담긴 겨울의 이미지는 희미해지고, 대신 동북
지방 해변의 바위섬과 검은 밤바다를 떠올리게 된다.
창밖의 망망대해로부터 파도 소리가 들려오는, 담배 연기
자욱한 40여 년 전 가을밤의 아담한 공연장과 투박한
질감의 위스키 등을 상상하며 앨범을 듣는다. 다다를 수
없는 시간과 공간을 더듬더듬 불러오고자 애쓴다.

---

1. 우리말로 '다방' 정도의 의미를 지니는 공간을 일본에서는
깃사텐(喫茶店)이라고 한다. 커피와 차, 그밖의 음료나 나폴리탄 스파게티
같은 간단한 음식을 취급한다. 그중 재즈 음악에 특화된 공간을 따로
'재즈킷사(ジャス喫茶)'라고 부른다. 주로 레코드로 음악을 재생하고,
손님들의 신청곡을 받기도 하며 공연을 겸하는 곳도 있다.

1980년 10월 13일 '죠니'에 있었던 사람들은 이 앨범을 어떻게 느끼고 기억할지 궁금하다. 우리가 오래된 음악을 좋아하는 이유는 단지 거기에 깃든 노스텔지어 때문만은 아닐 거다. 몇십 년 전의 음악은 시의성에 따른 비판과 영향에서 벗어나 스스로 자유로이 훨훨 비상하는 느낌이 있다. 사라져가는 것들은 모순되게도 더 강한 존재감을 드리우며, 그것을 쫓는 우리의 의식보다 항상 저만치 앞서있어 절대로 따라잡을 수가 없다. 그런 아쉬움은 곧 좋아함으로 이어진다. 거머쥘 수 없는 존재를 그 잔상을 담은 사진이나 물건을 통해 붙잡아보려 애쓴다. 시선을 돌리면 곧 손에 닿을 법한 주위의 소박한 것들을 찬미한 「내가 좋아하는 것들」의 가사와는 달리, 내가 좋아하는 것들은 대부분 사라져간다는 감각에서 비롯되는 것 같다. 검은 나무 장식장 속에 잠자던 낡은 기념품, 할아버지가 사무실에서 사용하던 낡은 도장 상자, 1980년대 후반에 외국의 동물원 기념품 가게에서 사 온 병따개, 중학생 때 처음 구입했던 CD, 8월 말의 햇볕, 반려묘를 빗질하며 모은 것을 뭉쳐놓은 잿빛 털 뭉치, 조용한 새벽에 고양이가 까드득 사료를 씹는 나지막한 소리, 사라져버린 장소에서 모두가 함께 느꼈던 그 무엇.

2. 3월의 물

Águas de Março
1974

작사: 안토니우 카를루스 조빙(Antonio Carlos Jobim)
번역과 글: 김영글

É o pau, é a pedra, é o fim do caminho
É um resto de toco, é um pouco sozinho
É um caco de vidro, é a vida, é o sol
É a noite, é a morte, é um laço, é o anzol
É peroba no campo, é o nó da madeira
Caingá, candeia, é o matita-pereira

É madeira de vento, tombo da ribanceira
É o mistério profundo, é o queira ou não queira
É o vento vetando, é o fim da ladeira
É a viga, é o vão, festa da cumeeira
É a chuva chovendo, é conversa ribeira
Das águas de março, é o fim da canseira
É o pé, é o chão, é a marcha estradeira
Passarinho na mão, pedra de atiradeira

É uma ave no céu, é uma ave no chão
É um regato, é uma fonte, é um pedaço de pão
É o fundo do poço, é o fim do caminho
No rosto um desgosto, é um pouco sozinho

É um estepe, é um prego, é uma conta, é um conto
É um pingo pingando, é uma conta, é um ponto
É um peixe, é um gesto, é uma prata brilhando
É a luz da manhã, é o tijolo chegando
É a lenha, é o dia, é o fim da picada
É a garrafa de cana, o estilhaço na estrada
É o projeto da casa, é o corpo na cama
É o carro enguiçado, é a lama, é a lama

É um passo, é uma ponte, é um sapo, é uma rã
É um resto de mato na luz da manhã
São as águas de março fechando o verão
É a promessa de vida no teu coração

É uma cobra, é um pau, é João, é José
É um espinho na mão, é um corte no pé
São as águas de março fechando o verão
É a promessa de vida no teu coração
É pau, é pedra, é o fim do caminho
É um resto de toco, é um pouco sozinho
É um passo, é uma ponte, é um sapo, é uma rã

É um belo horizonte, é uma febre terça
São as águas de março fechando o verão
É a promessa de vida no teu coração

São as águas de março fechando o verão
É a promessa de vida no teu coração

나뭇가지, 돌멩이, 길의 끝
남은 그루터기, 조금의 외로움
유리 조각, 생명, 그것은 태양
밤, 죽음, 올가미, 낚싯바늘
들판의 뻬로바 나무, 나무 옹이
까잉가 나무, 깡데이아 나무, 마치따──
뻬레이라 새

바람에 흔들리는 나무, 계곡의 폭포
깊은 신비, 원하거나 원치 않는 것
거부하는 바람, 비탈의 끝
그것은 대들보, 틈새, 집들이 파티
쏟아지는 비, 시냇물 소리
3월의 물, 피로의 끝
그것은 발, 땅, 여행자의 발걸음
손에는 새, 딱총에는 돌

하늘에 있는 새, 땅에 있는 새
그것은 개울, 옹달샘, 빵 한 조각
우물 맨 밑바닥, 길의 끝
얼굴에는 슬픔, 조금의 외로움

황야, 못, 계산서, 한 장의 돈
물방울, 계산서, 한 개의 점
물고기, 몸짓, 빛나는 한닢의 은화
그것은 아침 햇살, 떨어진 벽돌
장작, 하루, 길의 끝
사탕수수 통조림, 길 위의 파편들

그것은 건축, 집, 침대에 누운 몸
고장난 자동차, 진흙, 그것은 진흙

뱀, 나뭇가지, 조앙, 조세
손에 박힌 가시, 발에 난 상처
여름의 끝을 고하는 3월의 물
마음에 스며든 삶의 약속
그것은 나뭇가지, 그것은 돌멩이, 그것은 길의 끝
남은 그루터기, 조금의 외로움
계단, 다리, 두꺼비, 개구리
아름다운 수평선, 화요일의 열병
여름의 끝을 고하는 3월의 물
마음에 스며든 삶의 약속

여름의 끝을 고하는 3월의 물
마음에 스며든 삶의 약속

포르투갈어를 모르는 한국 사람 넷이 포르투갈 뉴스를 찾아 튼 적이 있다. 술을 마시고 있어서 더 그랬겠지만, 우리의 귀에 포르투갈어는 무척 아름답게 들렸다. 노래 같았고, 음악 같았다. 스피커를 빠져나온 앵커의 목소리는 귓바퀴를 타고 들어와 고막을 진동시키며 부드러운 떨림을 발생시켰고, 뇌로 전달되면서 의미를 가진 언어로 변환되지 못하고 소리의 파형으로만 남았다. 그날 앵커가 들려준 이야기는 부패한 정치인의 말로, 횡령으로 파면된 공무원, 치솟는 물가, 아니면 지역 소도시에서 일어난 방화나 끔찍한 살인 사건이었을지도 모른다. 알아듣지 못할 언어로 된 뉴스를 경청한다는 것. 그것은 정말로 이상한 경험이었다.

이후로도 나에게 포르투갈어는 어딘가 호기심을 자극하는 매력적이고 아름다운 언어로 남아 있었다. 그래서인지 모르겠지만, 안토니우 카를루스 조빙(Antonio Carlos Jobim)이 엘리스 헤지나(Elis Regina)와 함께 부른 「3월의 물(Águas de Março)」을 처음 들었을 때, 머릿속에서 폭죽이 터지는 것처럼 즐거웠다.

조빙은 1992년 리우데자네이루의 산악 지역에서 이 노래의 가사를 썼다고 한다. 브라질은 남반구에 있기 때문에 3월이 늦여름이다. 지구 반대편에 있으니 우리와는 계절이 반대인 것이다. 3월은 리우데자네이루에서 비가 가장 많이 내리는 달이다. 강한 바람을 동반한 폭우가 시시때때로 쏟아진다고 한다. 조빙은 늦여름을 마무리하는 비에 쓸려 내려가는 것들, 이를테면 나뭇가지, 돌멩이, 개구리, 동전, 두꺼비 등 온갖 것을 무심히 바라보며 단어들을 나열한다.

배수로로 흘러가는 빗물의 급류, 그 속에 휩쓸려 내려가는
것은 사물이나 생물만은 아니다. 태양, 수평선, 외로움, 밤,
그리고 죽음까지도 목록에 포함된다. 가사를 쓸 무렵 그는
무척 우울했다고 한다.

재미있는 사실은 이 끝없이 하강하는 이미지와 단어들이
인생을 은유하는 우울함으로 가득 차 있다고 해도,
이들이 하나로 모여 자아내는 그림은 퍽 경쾌하다는
것이다. 보사노바는 어떤 슬픔을, 어떤 비애를 노래해도
빗방울 같은 리듬감이 주는 쾌감을 놓지 않는다.

이 노래가 대중에게 널리 알려진 것은 조빙과 레지나가
헤드셋을 착용한 채 마주 보고 노래하는 옛날 동영상
덕분이다. 낮은 해상도의 화면 속 두 사람은 웃으며 한
소절씩 주고받는다. 노래를 한다기보다 리듬으로 이루어진
대화를 나누는 느낌이다. 포르투갈어 사전을 뒤져가며
번역해 본 노랫말의 인상 또한 여러 개의 색채가 서로
대화를 나누는 한 편의 경쾌한 콜라주 같았다.

마침 이 글을 쓰고 있는 지금 한국은 7월. 장마철을
통과하고 있다. 한 식경 전까지 천둥번개를 동반한
폭우가 쏟아지다 잠잠해지는가 싶더니 또 금세 빗줄기가
굵어진다. 북반구 중위도에 위치한 이 나라에서 마주하는
여름비도, '죽음'과 '삶의 약속'이라는, 조빙의 마음에
떠올랐던 그 아이러니한 조합을 어렵지 않게 연상시킨다.
나는 작업실 창밖을 한참 바라보다가, 「3월의 물」을 지금
여기의 그림으로 다시 그려보고 싶어졌다.

「7월의 물」

번쩍이는 빛, 오후, 금이 간 하늘
그것은 침묵, 박수, 고양이의 눈
사시나무, 전봇대, 거미 두 마리
개똥, 바람, 오줌 냄새

쏟아지는 비, 구멍, 구르는 돌
7월의 물, 전철, 이른 잠
그것은 소년, 풍선, 부러진 연필
투명한 우산, 흩날리는 수양버들
여름의 한가운데, 7월의 물
끝나가는 하루와 끝나지 않은 하루

전단지, 아가미, 물에 젖은 발
크록스 한 짝, 먼지 한 톨
바퀴벌레, 홈런볼, 그것은 함성

낮, 풀잎, 말 없는 효창공원
우유갑, 하품, 휘청이는 가로등
그것은 휴일, 타이어, 투명한 개

여름의 한가운데, 7월의 물
끝나가는 하루와 끝나지 않은 하루

노랫말의 번역에서는 의미의 기계적 전달이 그리
중요한 덕목이 아닐지도 모른다. 노랫말을 옮긴다는
건, 한 세계에서 포착된 시간과 감각과 상상을 다른
세계로 옮겨놓는 일일 것이다. 나는 포르투갈어
사전과 프랑스어 사전, 구글과 번역 프로그램을 교차
검증하며 열심히 완성했던 애초의 번역보다 내가
조금 전에 한 제멋대로의 번안이 어쩐지 더 마음에
든다. 리듬을 살짝 넣어 읊어본다. 내 안의 보사노바를
최대한 실어서. 사뭇 즐겁다. 혼자 부르는 노래라
조금은 외롭기도 하지만.

3.

홀란드、1945

Holland, 1945
1998

작사: 제프 맹검(Jeff Mangum)
번역과 글: 송승언

The only girl I've ever loved
Was born with roses in her eyes
But then they buried her alive
One evening, 1945
With just her sister at her side
And only weeks before the guns
All came and rained on everyone
Now she's a little boy in Spain
Playing pianos filled with flames
On empty rings around the sun
All sing to say my dream has come

But now we must pack up every piece
Of the life we used to love
Just to keep ourselves
At least enough to carry on

And now we ride the circus wheel
With your dark brother wrapped in white
Says it was good to be alive
But now he rides a comet's flame
And won't be coming back again
The Earth looks better from a star
That's right above from where you are
He didn't mean to make you cry
With sparks that ring and bullets fly
On empty rings around your heart
The world just screams and falls apart

But now we must pack up every piece
Of the life we used to love
Just to keep ourselves
At least enough to carry on

And here's where your mother sleeps
And here is the room where your brothers were born
Indentions in the sheets
Where their bodies once moved but don't move anymore
And it's so sad to see the world agree
That they'd rather see their faces filled with flies
All when I'd want to keep white roses in their eyes

내가 사랑했던 유일한 소녀
눈동자에 장미를 품고서 태어났지
그러나 그들은 그녀를 산 채로 묻었어
1945년 어느 저녁에
그녀의 언니와 함께 나란히
포화가 터져 모두에게
비처럼 쏟아지기 몇 주 전쯤에
이제 그녀는 스페인의 작은 소년
불꽃에 휩싸인 피아노를 연주해
태양 둘레의 빈 고리를 따라
모두 노래해 내 꿈이 이뤄졌다고

그러나 이제 우리는 사랑했던 삶의
모든 조각을 챙겨 떠나야만 해
그저 스스로를 지키기 위해 겨우 버텨낼 만큼이라도

이제 우리는 대관람차를 타
흰 것에 감싸인 네 컴컴한 형제와 함께
살아있었던 것이 좋았다고 말하지만
이제 그는 혜성의 불꽃을 타고
다시는 돌아오지 않을 거야
지구는 다른 별에서 보면 더 좋아 보여
그 별은 바로 네 위에 있어
그가 너를 울리려고 한 건 아니었어
불꽃과 함께 원과 총알들이 날아가
네 마음 둘레의 빈 고리를 따라
세상은 비명 지르며 무너져내려

그러나 이제 우리는 사랑했던
삶의 모든 조각을 챙겨 떠나야만 해
그저 스스로를 지키기 위해 겨우 버텨낼 만큼이라도

여기는 네 어머니가 주무시는 곳
여기는 네 형제들이 태어난 방
시트의 움푹한 자국들
한때 그들의 몸이 움직였으나 더는 움직이지 않는 곳
세상이 동의하는 것들을 보면 너무 슬퍼
그들은 그들의 얼굴이 파리로 가득한 것을 보고 싶어 해
나는 그들의 눈에 하얀 장미가 피어있기를 바라는데

듣자마자 영혼에 각인되는 듯한 노래가 있다. 뉴트럴 밀크 호텔(Neutral Milk Hotel)의 노래가 내겐 그랬다. 날마다 새로운 음악을 찾아 헤매던 어느 십 대의 하루에 『인 디 에어로플레인 오버 더 시(In the Aeroplane Over the Sea)』를 듣고 나는 충격받았다. 몇 년간 나만의 '음악 모험'을 거치며 포크 장르 전반에 특별한 애정을 가지게 되었을 무렵이었다. 그들에 관해 거의 아무것도 몰랐지만 첫 트랙을 고작 10초만 듣고서도 알 수 있었다. 이건 역사적인 음반이라는 것을. 이 음반을 듣노라면 포크에 뿌리를 박은 나무가 퍼즈 베이스, 드럼, 브라스, 신시사이저, 음악톱 등의 난장을 통해 사이키델리아의 꽃을 피워내는 광경을 볼 수 있다. 초현실주의풍 시와 다를 바 없는 가사가 드리우는 나무 그림자 아래에는 살아있는 자와 이미 죽어 사라진 연인이 함께 누워있다.

읽자마자 영혼에 각인되는 글도 있을 것이다. 뉴트럴 밀크 호텔의 리더, 제프 맹검(Jeff Mangum)의 경우는 『안네의 일기』가 그랬다. 십 대 때부터 음악 활동을 해온 그는 1996년에 1집『온 에이버리 아일랜드(On Avery Island)』를 발표한다. 소수의 호의적인 평가 외에는 거의 무반응에 가까웠던 첫 음반 이후 그는 『안네의 일기』를 읽고 깊이 감명받는다. 그리고 멤버들을 모아 안네 프랑크로부터 얻은 영감을 녹여낸 2집『인 디 에어로플레인 오버 더 시』를 1998년에 발표한다.

「홀란드, 1945」는 그 영향이 가사에 많이 드러난 노래다. 1945년은 안네 프랑크가 사망한 해이자 네덜란드가 해방된 해, 제2차 세계대전이 끝난 해다. 다들 알고 있는 바대로 안네 프랑크의 가족은 나치를 피해 네덜란드로 망명한 다른 유대인들과 함께 은신처 생활을 했고, 독일이 네덜란드를 침공한 이후 네덜란드 내 유대인 색출을 벌일 때 밀고되어 유대인 강제수용소로 끌려갔다. 안네는 영국군에 의해 수용소가 해방되기 불과 한 달을 남겨두고 영양실조와 장티푸스로 사망했다.

맹검의 가사는 초현실적인 탓에 한 줄 한 줄마다 숱한 해석이 뒤따르는 경우가 많다. 「홀란드, 1945」의 가사는 그가 쓴 다른 곡들에 비해 상대적으로 비유도 선명하고 동기도 명확하기에 속뜻을 유추하기도 어렵지 않아서 더 그런 듯하다. 설명하기 좋아하는 사람들은 신나서 자신의 해석을 곁들이고 다른 사람의 해석에 토를 달며 초현실적 이미지의 장막 뒤에 있는 진정한 의미를 파악하려 한다. 가사 속의 "그녀"는 누구이고, "장미"는 무엇을 뜻하고, 그녀가 환생한 "스페인의 작은 소년"이 누구이며…….

나는 그런 식으로 설명하려 드는 사람들을 보면 시 읽기 강의라도 해주고 싶은 기분이 든다(그러나 대부분 외국인이라 만날 길도 설명할 길도 없다). 맹검이 그 곡을 쓰며 안네 프랑크와 세계대전에 영향을 받았다고 해서 가사에 쓰인 모든 은유와 상징을 그렇게 해석하려 해서는 곤란하다. 어떤 읽기가 이해할 수 없는 것, 또는 이해하지 않아도 되는 것을 이해할 수 있는 것으로 만들어서는 안 된다. 적어도 시 읽기에서는 그렇다. 신비라는 휘장을 두른 채 모호함을 방치하라는 말 또한 아니다. 이해와 몰이해 그리고 오해 그 사이 어디쯤에서 우리는 메타포라는 대중교통을 타고 우리가 가본 적 없는 곳으로 간다.

다시 「홀란드, 1945」를 살펴보자. 기타와 퍼즈 베이스, 브라스들이 마구 뒤섞여 난장을 피우는 곡이다. 얼핏 듣노라면 정신없이 신나는 분위기이지만, 그 뜨거운 흥겨움 속에는 세상의 폭력 속에서 희생된 이들의 비극과 슬픔이 있다. 그러나 맹검은 가사에서 감정을 단순하게 나타내기보다는 기이하거나 엉뚱한 이미지를 들어가며 복합적으로 표현하는 데 능하다. 산 채로 묻힌 소녀는 스페인의 소년으로 환생해 불타는 피아노를 연주하고, 수의처럼 흰 것과 대비되는, 마치 불에 탄 듯 컴컴하고 형체가 보이지 않는 형제는 우리와 함께 대관람차를 탄 뒤에 혜성의 불꽃을 타고 사라진다. 삶과 죽음의 대비, 흰 것과 검은 것의 대비 사이에서 슬픔, 기쁨, 유머가 마구 뒤섞인다. 이를 통해 삶이 총체적으로 표현되며 무엇보다도 밴드의 난장 사운드로 완성된다. 정말이지 경이롭다.

나는 좋아하는 뮤지션을 남들에게 딱히 권하며 살아오지는 않았다. 음악 듣기에서 가장 중요한 것은 음악사에 쌓여 있는 음반 더미들을 헤집어가며 자기 취향에 맞는 걸 찾아내는 경험이라고 생각해왔으니까. 하지만 뉴트럴 밀크 호텔은 예외였다. 나는 내가 우정을 느끼는 이들에게 이 음반을 권했고 CD를 빌려줬다. 『인 디 에어로플레인 오버 더 시』는 전 세계인이 공유해야 하는 음반이고 인류 역사에 영원히 새겨야 하는 음반 중 하나다. 이미 숱한 대중음악 평론가와

리스너에게 찬사를 받아온 음반이지만, 내 생각에 이 음반은 아직도 덜 알려졌다. 대표곡「인 디 에어로플레인 오버 더 시」같은 노래는 더 비틀스의「헤이 주드(Hey Jude)」만큼 널리 그리고 오래 울려 퍼져야 한다. "어느 날 우리는 죽고 우리의 재는 바다를 가로지르는 비행기 바깥으로 흩날리겠지만, 지금 우리는 젊으니까 태양 아래 누워 우리가 볼 수 있는 모든 아름다운 것들을 헤아리자"(「인 디 에어로플레인 오버 더 시」)라고 맹검이 부르는 생의 찬가를 못 듣는 사람이 없게 하라. 세상에 전쟁의 불씨가 한 톨도 남지 않을 때까지.

4.

카
치
타

Cachita
1936

작사: 베르나르두 산크리스토발(Bernardo Sancristóbal)
번역과 글: 최진규

Óyeme, Cachita, tengo una rumbita
Pa que tú la bailes como bailo yo
¡Muchacha bonita, mi linda Cachita!
La rumba caliente es mejor que el son
¡Óyeme, Cachita, tengo una rumbita!
Pa que tú la bailes como bailo yo
¡Muchacha bonita, mi linda Cachita!
La rumba caliente es mejor que el son
Mira que se rompen, ya de gusto, las maracas
Y el de los timbales ya se quiere alborotar
Se divierte así el francés y también el alemán
Y se alegra el irlandés y hasta el musulmán
En la rumba no hay frontera
Pues se baila hasta en el Polo
Yo la he visto bailar solo, hasta un esquimal
Y el que tenga su pesar
Que se busque a su Cachita
Y le diga: "¡ven, negrita, vamos a gozar!"
Cachita está alborotá y ahora baila chachachá
Cachita está alborotá y ahora baila chachachá
Cachita está alborotá y ahora baila chachachá
Como quiera que te pongas, tienes que llorar
Cachita está alborotá
Cachita está alborotá y ahora baila chachachá
Eh, chachachá, chachachá, chachachá, ¡cachá!
Pa-ro-ra, po-ro-ro-ra-ro
Pa-ro-ra, pa-ra-ro-ra-ro
Pa-ro-ra, pa-ra-ro-ra-ro
¡Ah, ah, ah-ah-ah!
Pa-ro-ra, pa-ra-ro-ra-ro
Pa-ro-ra, pa-ra-ro-ra-ro
Pa-ro-ra, pa-ra-ro-ra-ro
¡Ah, ah, ah-ah-ah!
Alborotá y ahora baila chachachá
Cachita está alborotá y ahora baila chachachá
Cachita está alborotá y ahora baila chachachá
Cachita está alborotá y ahora baila chachachá
Cachita está alborotá y ahora baila chachachá
Y ahora baila chachachá

내 말 좀 들어봐, 카치타, 나한테 룸비타가 있어
내가 춤추듯이 너도 출 수 있도록
예쁜 아가씨, 나의 예쁜 카치타!
화끈한 룸바가 아들보다 낫다고
내 말 좀 들어봐, 카치타, 나한테 룸비타가 있어!
내가 춤추듯이 너도 출 수 있도록
예쁜 아가씨, 나의 예쁜 카치타!
화끈한 룸바가 아들보다 낫다고
마라카스가 어떻게 기쁨으로 부서지는지를 봐
팀발레스를 가진 사람은 거의 폭동을 일으키고 싶지
이게 프랑스인과 독일인이 즐기는 방법이야
아일랜드인과 무슬림마저 기뻐하지
룸바에는 국경이 없거든
북극에서도 춤출 거야
에스키모가 혼자 춤추는 것도 봤어
후회하는 이가 있다면
그가 카치타를 찾게 해줘
그리고 그녀에게 말하라고.
"흑인 소녀야, 같이 재미있게 놀자!"
카치타는 아무리 떠들썩해도 당장 차차차 춤을 춘다네
카치타는 아무리 떠들썩해도 당장 차차차 춤을 춘다네
카치타는 아무리 떠들썩해도 당장 차차차 춤을 춘다네
어쨌든 울어야 해
카치타는 떠들썩하거든
카치타는 아무리 떠들썩해도 당장 차차차 춤을 춘다네
헤이, 차차차, 차차차, 차차차, 차차!
파로라, 파라로라로
파로라, 파라로라로

파로라, 파라로라로
아! 아, 아아아!
파로라, 파라로라로
파로라, 파라로라로
파로라, 파라로라로
아! 아, 아아아!
아무리 떠들썩해도 차차차 춤을 춘다네
카치타는 아무리 떠들썩해도 당장 차차차 춤을 춘다네
카치타는 아무리 떠들썩해도 당장 차차차 춤을 춘다네
카치타는 아무리 떠들썩해도 당장 차차차 춤을 춘다네
카치타는 아무리 떠들썩해도 당장 차차차 춤을 춘다네
그녀는 당장 차차차를 춘다네

내가 이 노래를 처음 들은 것은 쿠바 가수 오마라
포르투온도(Omara Portuondo)가 손녀 로시오(Rossio)와
함께 부른 버전이다. 그래서일까. 나는 이 노래를 듣고
내 할머니가 떠올랐다. 내 할머니는 이 노래 가사처럼
춤추라고 부추기는 신명 나는 성격을 가진 분은
아니었다. 그럼에도 이 노래를 들으면 할머니 생각이 난다.

어느 날 하루는 기차역 플랫폼에서 앞서 걸어가시는 어느
할머니 뒷모습을 보다가 또 불쑥 돌아가신 할머니 생각이
났다. 나는 내 외할머니를 청산 할머니라고 부른다.
청산면 예곡리에 평생 사신 내 엄마의 엄마.

역에서 본 할머니는 세련된 도시 할머니(?)셨다. 청산
할머니는 그분보다 훨씬 더 시골분이었다. 사는 곳을
떠나본 적도 거의 없었고, 병원에도 거의 가본 적 없었고,
돌아가실 때까지 소에게 풀을 쑤어 먹이며 마냥 농사일을
하셨으니까. 청산 할머니는 안과에도 가지 않아 백내장
탓인지 동공이 푸르스름하게 변했고, 내 손을 잡아주실
때면 그 촉감이 마치 흙을 맞잡는 기분이 들었다. 정말
그랬다. 청산 할머니의 손에는 늘 밭고랑처럼 굵직한
주름이 가득했고 그 촉감은 꼭 흙 같았다.

할머니는 입맛도 아주 시골 사람이었고, 특별한 요리라는
걸 해 먹어본 적이 없었다. 어린 시절 나는 일 년에 한
달씩 청산에서 지내곤 했는데, 할머니는 대부분 감자
넣고 호박 넣은 된장찌개로 끼니를 드셨다. 한 번에 잔뜩
끓여 세 끼도 먹고 네 끼도 먹던 된장찌개. 그러다 아주
가끔 외삼촌에게 개울에 가서 개구리를 잡아 오라거나

산에 가서 토끼를 잡아 오라고 해서 구이를 하셨는데 당연히 모두 내가 먹기엔 힘들었다. 된장찌개도 도시 가정에서 먹는 그런 맛이 아니라 뭔가 쌀밥을 많이 먹기 위한 강한 양념에 가까웠다. 하지만 할머니는 늘 그런 식으로 끼니를 드셨다. 그러고는 얼른 일하러 나가 종일 보이지 않았다. 청산 할머니는 키가 140도 안 될 만큼 작았다. 게다가 허리도 잔뜩 굽어 빠르게 다니실 때는 꼭 작은 곤충 같았다. 하지만 가끔 관심 가는 일에 호기심을 드러내며 눈을 동그랗게 뜨실 때면 안광이 번뜩번뜩하면서 엄청 개구진 노인이 되었다.

할머니에 대한 기억이 갈수록 흐려지는데, 새삼스레 찾아보니 10년 전 이런 메모를 남긴 게 있다.

> 외할머니는 내가 운다고 달래주는 일이 없었다. 이따금 나를 다그칠 때면 심장이 벌렁거릴 정도로 매섭게 다그쳤다. 대신 할머니가 하지 말라는 것만 잘 지키면 나를 혼내는 일이 없었고 그 외에는 모든 걸 허용했다. 외할머니의 금지는 이런 것들. 문지방을 밟고 서면 안 된다. 감나무에 기어오르면 안 된다. 할머니가 일할 때는 방해하지 말아야 한다 등등. 이러한 몇 가지 금지를 빼면 내가 하고 싶은데 참아야 할 것은 없었다. 놀랍게도 뭐든 해도 좋았다.

이 메모를 봐도 알 수 있지만, 청산 할머니는 춤추라고 부추기는 저 가사 속 할머니와는 무척 다른 성격이다. 내가 춤추듯이 너도 출 수 있도록 손녀에게 춤(과 그 이상)을 알려주려 하는 할머니와는 좀 다른 느낌이다.

그럼에도 이 노래를 들을 때면 자꾸 청산 할머니가
겹치는 이유가 뭘까.

새삼 청산 할머니가 돌아가신 날이 떠오른다. 청산
할머니는 떠나실 때 (당연히) 살던 집에서 떠나셨고,
며칠 전부터 자연스레 곡기를 끊으셨다. 어떻게
죽음을 직감하는 걸까 신기했다. 행동은 평소처럼
하셨다. 일상을 보내는 행위인 양 어느 날부터 곡기를
줄이다 마침내 끊으셨다. 마지막으로 하신 말은
"옷 갈아입혀라"였다. 이제 멀리 떠날 테니 수의를
입히라는 말씀이었다. 청산 할머니는 그렇게 작은 몸을
소멸시켰다.

그날 사람들은 관을 나눠지고 뒷산으로 올라갔다.
곡소리를 내면서 느릿느릿 산을 오르는 행렬을 보면서
나는 겁에 질렸다. 하지만 엄마가 너무 울고 있어서
그게 더 무서웠던 탓에 나는 오히려 태연한 척을 하거나
재미난다는 듯이 굴었던 기억이 난다. 그러면서도
할머니와의 기억들과 할머니의 산소 위치를 잊지
않으려고 애썼던 것도 떠오른다. 그때가 절기로 청명
근처였다. 나무들이 땅속 물기를 있는 힘껏 빨아올린다는
청명. 개울가에 자라는 작은 나무와 풀들이 크려고
몸부림치는 풍경을 나는 기억해 두었다. 여기서 위로 쭉
오르면 바로 할머니 산소야 하고 되뇌면서.

그리고 보니 카치타의 할머니와 내 할머니 사이에
공통점이 있다. 카치타의 할머니는 카치타에게 사는
동안 어떤 혼란이 있더라도 자신처럼 차차차를 추며

힘차게 살아야 한다는 것을 춤으로 보여서 가르쳤다. 내 할머니는 내가 훗날 어떤 마음과 자세로 죽음을 맞아야 하는지를 직접 보여서 가르쳤다. 내가 기억하는 많은 죽음 중에 내가 진정 따르고 싶은 (삶과) 죽음의 모습은 청산 할머니가 가르쳐준 것이다. 카치타의 할머니가 그러하듯 자신을 삶으로써.

5.

앤젤레스

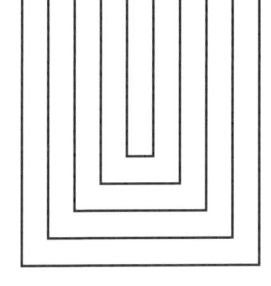
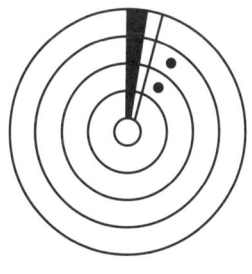
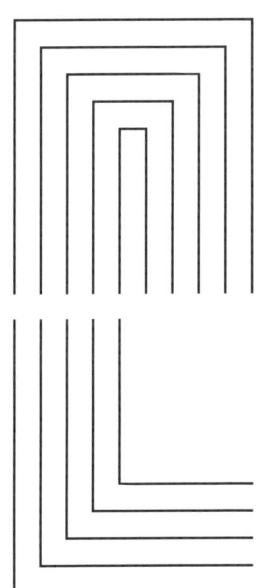

Angeles
1997

작사: 엘리엇 스미스(Elliott Smith)
번역과 글: 이민휘

Someone's always coming around here
Trailing some new kill
Says "I've seen your picture on a
Hundred-dollar bill"
What's a game of chance to you
To him is one of real skill
So glad to meet you, Angeles
Picking up the ticket shows there's
Money to be made
Go on, lose the gamble that's the
History of the trade
Did you add up all the cards left to play
To zero?
And sign up with evil, Angeles?
Don't start me trying now
Uh-huh, uh-huh, uh-huh
'Cause I'm all over it, Angeles
I can make you satisfied in
Everything you do
All your secret wishes could right
Now be coming true
And be forever with my poison arms
Around you
No one's gonna fool around with us
No one's gonna fool around with us
So glad to meet you, Angeles

이곳에 늘 누군가 오지
다음 죽일 희생양을 따라서
"100달러 지폐에서 당신의 얼굴을 보았어요"
운에 달린 게임은 네게 무엇일까
그에게는 진정한 실력의 승부
앤젤레스, 만나서 반가워
티켓을 집어봐
벌 수 있는 돈이 있으니
해봐, 잃는 것이 이 바닥의 역사이지
남은 카드를 다 셌니
남김없이
악마와 계약했니 앤젤레스
발동 걸지 마
안돼, 안돼, 안돼
왜냐하면 난 더 이상 신경 쓰지 않으니까, 앤젤레스
네가 하는 모든 것에서
너를 만족시켜줄 수 있어
너의 모든 비밀스러운 바람은 다 이루어질 거야
나의 해로운 팔은 너를 영원히 감싸겠지
우리에게 아무도 허튼짓하지 못할 거야
우리를 아무도 건드리지 못할 거야
만나서 반가워, 앤젤레스

가사를 쓸 때는 두 가지 마음이 든다. 남들이 내가 무슨 이야기를 하고 있는지 알아주었으면 하는 바람 반, 몰랐으면 하는 마음 반. 당연히 내 마음과 생각들은 들킬 때도 있고 전혀 다른 의미로 읽힐 때도 있는데, 한 가지 의미로만 읽히는 것보다는 그편이 좋다. 그래야 청자도 음악을 들을 때마다 조금씩 다르게 들을 수 있고, 거꾸로 내가 청자의 해석에 영향을 받아 작업을 다르게 보는 일도 생기기 때문이다. 직접적인 언급을 할 때의 부끄러움을 피할 수 있는 것은 말할 것도 없다.

다른 사람의 작업을 볼 때도 그런 두 가지 마음이 느껴질 때가 재미있는데, 내게는 엘리엇 스미스(Elliott Smith)의 가사가 그렇다. 알쏭달쏭 무슨 이야기를 하는지 모르겠다가도 내 마음에 따라 매번 다르게 들리기도 하고, 그의 마음이 이랬겠거니 알 것 같다는 생각에 그가 가깝게 느껴지기도 한다. Los Angeles에서 따왔음 직한 「앤젤레스(Angeles)」라는 곡은 그가 음악 산업 안에서 느꼈을 힘듦과 함께 성공에 대한 유혹을 노래한 것으로 들린다. 내 앞에 악마가 있을지라도 한 번은 남은 판돈을 다 걸어보고 싶은 마음.

이런 마음은 이 곡이 수록된 『이더/오어(Either/Or)』 앨범 커버에 찍힌 엘리엇 스미스의 오른팔에 있는 'Ferdinand'라는 황소 문신과 얽혀 읽힌다. 이 황소는 먼로 리프(Munro Leaf)가 쓴 동화책 『더 스토리 오브 페르디난드(The Story of Ferdinand)』(1936)의 주인공으로, 원치 않는 투우 경기에 출전하게 되지만 투우장에서도 자신이 좋아하는 꽃향기를 맡으며 가만히

앉아있는 순한 소이다. 이 곡을 들을 때마다 꽃향기를
좋아하는 황소 페르디난드, 엘리엇 스미스, 홀로 밤에
작업하는 친구들이 차례로 떠오른다. 온갖 싸움과 거짓과
유혹이 난무한 투우장에서도 좋아하는 꽃향기를 맡는
행위는 얼마나 소중하고 필요한 일인지, 동시에 얼마나
어렵고 외로운 일인지.

6. 해후

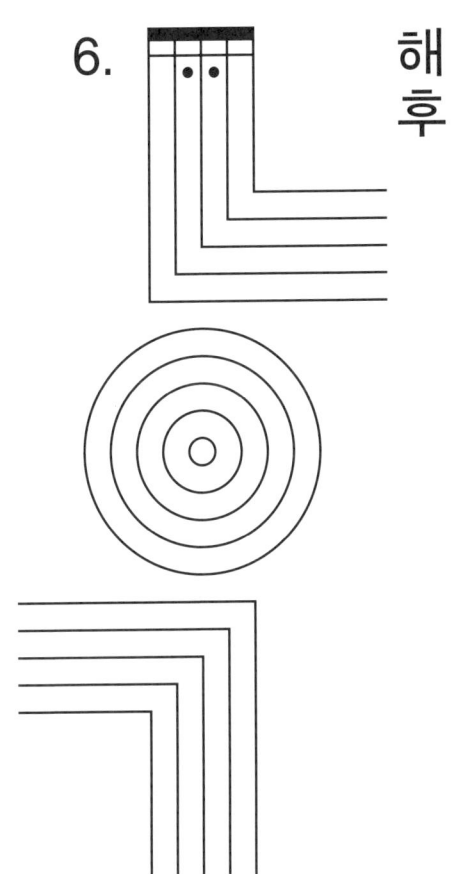

めぐりあい
1982

작사: 이오기 린(井荻麟)
번역과 글: 이재민

Believe!
人は悲しみ重ねて 大人になる
いま 寂しさに震えてる
愛しい人の
その哀しみを 胸に抱いたままで
Believe!
涙よ 海へ還れ

恋しくて つのる想い
宙 茜色に染めてく

Yes, my sweet,
Yes my sweetest
I wanna get back
where you were
愛しい人よ もう一度
Yes, my sweet,
Yes my sweetest
I wanna get back
where you were
誰もひとりでは 生きられない

Believe!
還らぬ人を想うと 胸は翳り
いま 哀しみの彼方から
舵をとれば
いつの日にか めぐり逢えると信じて
Believe!
涙よ 海へ還れ

愛しさに胸焦がし
想い 宙を染めあげる

Yes, my sweet,
Yes my sweetest
I wanna get back
where you were
愛しい人よ もう一度
Yes, my sweet,
Yes my sweetest
I wanna get back
where you were
愛しい人よ もう一度
Yes, my sweet,
Yes my sweetest
I wanna get back
where you were
誰もひとりでは 生きられない

믿어!
사람은 슬픔을 겪으며 어른이 되는 법
지금은, 사랑하는 사람의
슬픔을 가슴에 품은 채
외로움에 떨고 있지만
믿어!
눈물이여, 바다로 돌아가거라

그리워서 피어오르는 마음
하늘빛으로 물들여가네

그래, 내 사랑, 내 사랑아
네가 있던 곳으로 돌아가려 해
사랑하는 사람이여 다시 한번만
그래, 내 사랑, 내 사랑아
네가 있던 곳으로 돌아가려 해
아무도 혼자서는 살 수 없기에

믿어!
돌아오지 않는 사람을 생각하면 가슴이 먹먹해
지금은 슬픔의 저편에 있지만
키를 잡으면 언젠가
다시 만날 수 있을 거야
믿어!
눈물이여, 바다로 돌아가거라

사랑에 가슴이 타들어가
생각은 허공을 물들여가

그래, 내 사랑, 내 사랑아
네가 있던 곳으로 돌아가려 해
사랑하는 사람이여 다시 한번만
그래, 내 사랑, 내 사랑아
네가 있던 곳으로 돌아가려 해
사랑하는 사람이여 다시 한번만
그래, 내 사랑, 내 사랑아
네가 있던 곳으로 돌아가려 해
아무도 혼자서는 살 수 없기에

1979년에 방영된 일본의 TV 애니메이션『기동전사 건담(機動戦士ガンダム)』은 지금도 만들어지고 있는 수많은 '건담 시리즈'의 시작이며 일본을 대표하는 콘텐츠다. 이전까지의 거대 로봇 애니메이션은 주로 외계 세력의 침략 따위에 맞서 천재 과학자가 발명하거나 고대 유적에서 깨어난 한두 기의 로봇이 지구를 지키기 위해 싸운다는 포맷이었지만,『기동전사 건담』을 시초로 국가나 세력 간의 이념 충돌과 전쟁 및 그 속에서 상처 입고 성장하는 인간 군상의 이야기를 다루는 작품들이 등장하기 시작했다. 이를 기점으로 그 이전과 이후의 세계관을 흔히 '슈퍼 로봇계' 애니메이션과 '리얼 로봇계' 애니메이션으로 구분하기도 한다. 하지만 로봇 애니메이션은 대부분 그런 변화에는 큰 관심을 두지 않는 스폰서(주로 완구 회사)의 지원을 통해 제작되었기 때문에, 어린이를 대상으로 한 완구 생산을 위해 작중에서 변신과 합체 등의 설정과 묘사가 늘 요구되었다.

지금의 위상과는 달리 TV 애니메이션 방영 당시에는 건담의 완구 판매 실적이 저조하여 조기 종영을 맞이해야 했지만, 이후 상품화 권리를 획득한 반다이[1]가 출시한 건프라('건담 프라모델'의 약칭) 상품이 전국적으로 크게 히트하며 작품이 재조명되었고, 이듬해 재편집된 극장판 3부작을 상영하기에 이르렀다. 흥행에도 대성공을

---

1. 주식회사 반다이. 수많은 IP를 소유하고 캐릭터 상품과 엔터테인먼트 상품을 기획, 제작, 판매하는 일본의 초대형 기업. 완구회사로 시작했으나 '건프라'의 대성공과 이후 울트라맨, 드래곤볼, 원피스, 나루토 등의 연속적 흥행에 힘입어 세계적인 캐릭터 프랜차이즈 사업으로 규모를 확장했다.

거두어 3부작 중 마지막 편 『기동전사 건담 III: 해후의 우주(機動戦士ガンダムIII: めぐりあい宇宙)』의 배급 수입은 같은 해 개봉한 애니메이션 영화 중 1위인 12억 천만 엔을 기록했다고 한다.

「해후(めぐりあい)」는 『기동전사 건담 III: 해후의 우주』를 위해 만들어진 주제곡으로, 이노우에 다이스케(井上大輔)가 작곡하고 노래했다. 이노우에 다이스케는 코카콜라 CM송「I Feel Coke」로도 유명하다. 1987년부터 약 2년간 일본 코카콜라의 광고 음악으로 사용된 이 노래는 세련되고 풍요로웠던 버블 경제 시절 일본의 정서를 잘 표현했다. "그 언제나 상쾌한 맛! 난 느껴요!"로 개사되어 한국의 코카콜라 TV 광고에서도 그대로 쓰였다. 신인이었던 심혜진과 이종원이 출연했던 코카콜라 TV 광고를 기억하는 분이 많을 거다. 이노우에 다이스케는 코카콜라뿐 아니라 산토리 위스키, 아사히, 미즈노, JR 등 다양한 브랜드를 위한 CM송을 만들었던 재능 있는 뮤지션이다.

그는 『기동전사 건담』 TV판과 극장판의 감독인 토미노 요시유키(富野由悠季)와 니혼대학 예술학부 동문이자 동갑내기 친구였으며, 그 인연으로 로봇 애니메이션의 주제곡을 작업할 기회(?)를 얻게 되었다고 한다. 노래의 크레딧에는 작사가가 '이오기 린(井荻 麟)'이라고 표기되어 있는데 이는 토미노 요시유키가 작사가로서 활동할 때의 필명이다. 동문 친구끼리 영화감독과 음악가, 작사가와 작곡가가 되어 함께 작업한, 말하자면 두 거장의 '해후'를 통해 탄생한 곡이다.

당시 작품의 완성도를 저해하는 스폰서의 압력에 큰
불만을 느끼고 있던 토미노 요시유키는 극장판으로
재편집하는 과정에서 억지스럽고 비현실적인 설정,
'슈퍼 로봇계'의 영향이 남아있던 부분을 모두 삭제했다.
음악에서도, 오리지널 TV판의 주제곡 같은 "날아라,
싸워라" 풍의 씩씩한 동요가 아니라, 진지한 성인 취향의
노래를 사용하고 싶어 했고, 이노우에 다이스케를
섭외한 것은 매우 유효했다.

건담의 주제 의식은 반전(反戰), 그리고 사람과 사람
사이의 완전한 이해다. 작중에는 어린이를 망치는
어른이 등장하고 지속적으로 이해와 교감에 실패한다.
제2차 세계대전의 참전과 패망, 전공투를 경험한
세대인 토미노 요시유키는 세대의 무력감과 비애,
전후 강대국들의 이해관계와 이데올로기의 충돌 등을
지구권과 우주권으로 나뉜 미래 인류의 갈등을 통해
묘사하려 했다. 이해와 교감에 실패한 못난 어른을
비판하며 희망과 가능성을 다음 세대(어린이)에게
기대고 부탁한다. 작품의 마지막 장면, 주인공 아무로
레이[2]의 생사를 확인할 수 없는 상황에서도 오직 작중에
등장하는 어린이들만이 "아무로 형의 목소리를 들었지?
내가 알아!"라며 그의 귀환을 굳게 믿는다. "난 아직
돌아갈 곳이 있어. 이렇게 기쁠 수가 없어." 아이들의
직감대로 생환하게 된 아무로의 마지막 대사다. 바로 그

---

2. 아무로 레이(アムロ・レイ). 『기동전사 건담』 TV판과 극장판의 주인공.
우연한 계기로 전쟁에 휘말려 15세에 소년병이 된다. 정의나 책임감
등을 갖지 않은 채 억지로 전쟁에 참여하게 된다는 점에서 과거의 로봇
애니메이션 주인공들과 차별화된다. 보통의 인류보다 뛰어난 직감, 공감력과
커뮤니케이션 능력을 가진 뉴타입(일종의 신인류)으로 묘사된다.

장면에서 주제곡「해후」가 흘러나온다. 전우와 사랑하는 이를 잃은 슬픔을 극복하고 살아남은 자들끼리 교감하며 다시 만난다는 가사와 비장한 곡의 분위기는 작품의 주제와 맞물려 큰 여운을 남긴다.

야마시타 타츠로(山下達郎)의 앨범에서「슬픈 죠디 (悲しみのJODY)」,「스프링클러(スプリンクラー)」와 같은 곡의 세션으로 참여하는 등, 가수와 작곡가뿐 아니라 색소폰 연주자로도 활발히 활동하던 이노우에 다이스케는 중병에 걸린 아내의 간병과 본인의 투병 등을 비관하며 만 58세가 되던 2000년에 스스로 목숨을 끊었다. 이듬해인 2001년 그의 아내도 생을 마감했다. 슬픔을 이겨내고 돌아갈 곳을 노래하던 가수의 안타까운 사연이다. 토미노 요시유키는 80세가 넘은 지금까지도 여전히 스폰서와 반목하며 반전의 메시지를 담은 작품을 연출하는 중이다.『기동전사 건담』이 처음 방영된 지 45년이 지났고, '건담 세대'였던 내 또래도 당시 제작진의 나이가 되어버렸지만, 이해와 교감, 소통의 문제는 아직 숙제로 남아있다. 오히려 세대 간 성별 간 계층 간의 훨씬 더 다양하고 복잡한 갈등의 양상 속에 놓여있다. 소련은 러시아가 되었지만 여전히 서방과 전쟁 중이고, 우리는 같은 언어를 사용하는 사람들 사이의 소통에서도 번번이 실패한다. 소년병에게는 돌아갈 곳이 있고, 우리에게는 계속 나아가야 할 곳이 있다.

7.

아빠는 로데오 선수였어

Papa was a Rodeo
1999

작사: 스테핀 메리트(Stephin Merritt)
번역과 글: 김영글

I like your twisted point of view, Mike
I like your questioning eyebrows
You've made it pretty clear what you like
It's only fair to tell you now

That I leave early in the morning
And I won't be back 'til next year
I see that kiss-me pucker forming
But maybe you should plug it with a beer, 'cause

Papa was a rodeo, Mama was a rock and roll band
I could play guitar and rope a steer before I learned to stand
Home was anywhere with diesel gas, love was a trucker's hand
Never stuck around long enough for a one night stand
Before you kiss me, you should know
Papa was a rodeo

The light reflecting off the mirror ball
Looks like a thousand swirling eyes
They make me think I shouldn't be here at all
You know, every minute someone dies

What are we doing in this dive bar?
How can you live in a place like this?
Why don't you just get into my car?
And I'll take you away, I'll take that kiss now, but

Papa was a rodeo, Mama was a rock and roll band
I could play guitar and rope a steer before I learned to stand
Home was anywhere with diesel gas, love was a trucker's hand
Never stuck around long enough for a one night stand
Before you kiss me, you should know
Papa was a rodeo

And now it's 55 years later
We've had the romance of the century
After all these years wrestling gators
I still feel like crying when I think of what you said to me

Papa was a rodeo, Mama was a rock and roll band
I could play guitar and rope a steer before I learned to stand
Home was anywhere with diesel gas, love was a trucker's hand

Never stuck around long enough for a one night stand
Before you kiss me, you should know
Papa was a rodeo

Mmm, what a coincidence
Your papa was a rodeo too

삐딱한 그 시선이 좋아, 마이크
궁금한듯 치켜뜬 눈썹도 좋아
자긴 좋고 싫은 게 꽤나 분명해 보여
그러니까 지금쯤 말해주는 게 좋겠지

날이 밝으면 나는 떠나
내년까진 돌아오지 않을 거야
자긴 키스해 달라 입술을 내밀지만
맥주나 마시는 게 좋을 거야, 왜냐면

우리 아빠는 로데오 선수, 엄만 락앤롤 밴드였거든
난 걷기도 전에 기타와 로프를 만졌어
디젤 가스만 있으면 어디나 집이었고
트럭 운전수처럼 사랑을 했지
하룻밤 이상은 머무른 적 없다구
그러니 키스하기 전에 알아둬
우리 아빠는 로데오 선수였어

저 미러볼에 반사되는 불빛을 봐
소용돌이치는 수천 개의 눈동자 같군
이러고 있을 때가 아니라 말하는 듯해
알잖아, 매 순간 누군가 죽고 있단 걸

허름한 술집에서 우린 뭘 하고 있지?
어떻게 이런 데서 살 수가 있어?
그냥 내 차에 타는 게 어때?
데려가 줄게, 그 키스를 받아줄게, 다만

우리 아빠는 로데오 선수였어, 엄만 락앤롤 밴드였고
난 걷기도 전에 기타와 로프를 만졌어
디젤 가스만 있으면 어디나 집이었고
트럭 운전수처럼 사랑을 했지
하룻밤 이상은 머무른 적 없다구
그러니 키스하기 전에 알아둬
우리 아빠는 로데오 선수였어

어느덧 오십오 년이 흘렀어
우린 세기의 로맨스를 나눴지
그 모든 나날을 씨름하며 보낸 지금도
그때 자기가 한 말을 떠올리면 여전히 눈물이 나

"우리 아빤 로데오 선수, 엄만 락앤롤 밴드였어
기타 연주와 로프 매듭을 걸음마보다 먼저 배웠어
디젤 가스만 있으면 어디나 집이었고
트럭 운전수처럼 사랑을 했지
하룻밤 이상은 머무른 적 없어, 그러니
키스하기 전에 알아둬
우리 아빤 로데오 선수였어"

음— 어떻게 이런 우연이 있을까
자기네 아빠도 로데오 선수였다니

세상은 노래로 가득 차 있어서 아름다운 노래, 감동적인 노래, 슬픈 노래를 만나는 것은 어려운 일이 아니다. 그러나 웃긴 노래, 자신의 유머 코드를 정확히 저격하는 노래를 만나는 것은 꽤 드물게 찾아오는 행운이다. 마그네틱 필즈(Magnetic Fiels)의 「아빠는 로데오 선수였어(Papa was a Rodeo)」를 처음 들었을 때, 나는 그 희귀한 행운을 기쁜 마음으로 낚아챘다.

낮고 중후한 목소리의 화자는 술집에서 마이크라는 이름을 가진 상대에게 작업을 거는 중이다. 그러다 난데없이 출신을 고백하며 으름장을 놓는다. 자신으로 말하자면 무려 로데오 선수와 록 밴드 멤버의 자식이니, 상처받을 각오 단단히 하라는 것이다.

로데오는 길들이지 않은 소나 말의 등에 올라탄 채로 떨어지지 않고 오래 버티는 경기로, 19세기 미국의 카우보이가 들소를 포획하는 솜씨를 겨루던 데서 유래했다. 그 자체로 거칠고 위험한 경기이기도 하지만, 로데오가 표방하는 것은 그 이상인 것 같다. 서부 시대를 풍미했던 그윽한 사나이의 영혼, 올가미를 던지듯 집요하게 목표물을 낚아채고 실패하면 뒤돌아보지 않는 태도, 정착과 안주 대신 스릴과 낭만을 추구하는 거침없는 삶….

그 시대를 살아본 적 없고 미국은 근처에도 가본 적 없으며 끝까지 본 서부영화가 열 편도 안 되는 내가 로데오 정신에 관해 뭘 알겠냐만, 그럼에도 이 캐릭터는 단박에 나를 웃겼다. 인간이 누군가를 꾀려들 때 사용하는 허세의 화술에는 만국 공통의 섭리가 깃들어있는 법이니까.

가사의 내용으로 봐도 곡의 분위기로 봐도 이 노래는 미국 컨트리 송의 가장 멜랑콜리한 버전, 영어 표현으로 이른바 '티어-인-비어(Tear-in-Beer)" 스타일에 대한 오마주일 것이다. 딱 들어맞지는 않지만, 우리나라로 치면 미사리 카페 스타일 정도 될까? 통기타 연주가 울려 퍼지는 허름한 술집에서 맥주잔을 앞에 두고 쏟아져나오는 바람둥이의 허황한 언어는 분명 전형적인 클리셰다. 작업을 걸던 이의 입에서 갑자기 진지하게 "알잖아, 매 순간 누군가 죽고 있단 걸." 같은 문장이 흘러나올 때 실소를 터뜨리지 않기란 어렵다.

일반적으로 클리셰는 낡고 진부한 것이고, 그래서 피해야 할 무엇으로 여겨진다. 하지만, 이 노래를 만든 마그네틱 필즈의 프런트맨 스테핀 메리트(Stephin Merritt)는 비틀기의 천재다. 특정한 장르를 노골적으로 다룸으로써 낡고 진부한 스타일 그 자체를 음미의 대상으로 다루고, 클리셰를 살짝 귀여울 정도로만 비튼다. 이 노래의 압권은 역시 마지막 구절. 나는야 로데오의 자식이라 한참 고백을 늘어놓았는데, 아니 글쎄, 우연히도 당신 역시 로데오의 자식이라는 게 아닌가? 누구의 말이 어디까지 진실인지는 중요치 않다. 진실이 중요치 않아지는 순간, 낡아빠진 허세도 위악도 세상 가장 무해한 결말로 귀결될 수 있다.

---

1. 컨트리 음악의 레전드 행크 윌리엄스(Hank Williams)가 1950년에 만든 노래 「내 맥주에 눈물(There's a Tear in My Beer)」이 40년 뒤 유행하면서 대중화된 표현이다.

마그네틱 필즈에서 피아노와 드럼을 치는 클로디아 곤슨(Claudia Gonson)은 열다섯 살에 스테핀 메리트와 친구가 되었는데, "이 친구는 제2의 스티븐 손드하임[2]이 될 거야!"라고 생각했단다. 그 시절부터 식료품이나 세탁물 영수증 뒷면에까지 마구잡이로 가사를 적어 내려갔던 메리트는 1991년 마그네틱 필즈를 결성한 이후로 아이러니하고 재기발랄한 곡을 수없이 남겼다. 이 노래가 수록된 앨범 『69개의 사랑 노래(69 Love Songs)』는 세 장짜리 콘셉트 앨범으로, 말 그대로 예순아홉 트랙이나 되는 사랑 노래를 담고 있다. 퀴어 남성의 자전적인 스토리를 바탕으로 젠더와 장르를 끊임없이 비트는 이 앨범은 이성애 규범으로 점철된 세상에 관한 메리트의 입장이기도 하다. 사실 예순여섯 곡 중에는 「두 종류의 사람(Two Kinds of People)」처럼 무척 진지하게 쓰인 노래도 있다.

> 세상 사람은 두 개의 진영으로 나뉘지
> 하나가 될 수 없는 그 둘은
> 등불 없이 어둠 속에 길 잃은 사람들
> 그리고 내 사랑과 나

약간 뭉클할 정도로 담담하게 성별 이분법적 잣대를 무력화하는 노랫말이다. 나는 이 짧은 네 줄의 후렴구만큼 사랑과 혐오의 정체를 분명하게 밝히는 메시지를 본 적이 없다. 하지만 짐작건대 메리트는

---

2. 20세기 브로드웨이에 지대한 영향을 미친 미국의 뮤지컬 작사가이자 작곡가. 대표작으로 〈웨스트 사이드 스토리〉, 〈스위니 토드〉 등이 있다.

이것이 자신의 본모습이라고 생각하지는 않을 듯하다.
진심을 토로하는 쪽보다는 언제나 미묘하게 비틀고,
장난치고, 능수능란하게 희화화하고, 그러면서도 애정을
잃지 않는 방식으로 이야기를 전하는 데 특별한 재능을
지닌 사람이니 말이다.

이 앨범이 '사랑'에 관한 앨범이 아니라 '사랑 노래'에
관한 앨범이라는 그의 규정은 의미심장하다. 컨트리,
신스팝, 재즈, 인디록, 어쿠스틱 발라드 등 수많은 장르를
모방하고 해체하고 변주하면서, 자전적 사랑 이야기라는
개념 역시 연구 대상으로 삼기 때문이다. 노래 속
인물도 마찬가지다. 이야기가 제시하는 인물의 젠더는
불확실하거나 가수의 성별과 일치하지 않을 때가 많다.
「아빠는 로데오 선수였어」 뒷부분에서 전형적인 남성
이름인 '마이크' 역할을 여성 가수인 셜리 심스(Shirley
Simms)가 맡아 부른 까닭도 그래서다.

마그네틱 필즈가 2017년에 발표한 노래 「1989년의
동물원 뮤지컬 행진(The 1989 Musical Marching
Zoo)」에는 다음과 같은 가사가 등장한다.

> 이것이 내가 되고 싶었던 밴드야
> 이름도 얼굴도 없고 역사도 없는
> 특히나 내 사진이 없는

나는 이 구절이 메리트가 지금까지 써온 모든 노래에
대한 요약 비슷한 것이라고 생각한다. 좋은 영화나 좋은
책이 그러듯이, 좋은 노래는 우리를 잠시 달리 살게

한다. 다른 이름, 다른 얼굴, 다른 역사를 빌려, 청자는 화자의 목소리에 상상의 삶을 실어본다. 그 삶을 실어 나르는 것은 대단히 근사한 스토리가 아니어도 좋다. 새롭거나 세련된 장르가 아니어도 좋다. 허세, 자기연민, 자기애, 위악, 위선, 모함, 질투, 배신, 무엇이든 좋다. 우리는 그 익숙한 문법에 기대어 자신의 이야기를 재구성해 보고, 금세 한발 물러서며 짧은 웃음을 터뜨릴 것이고, 그 웃음이 남기는 게 무엇이든 한동안은 잊지 못할 것이다. 세상 모든 클리셰에 건배를.

8. 주간도로

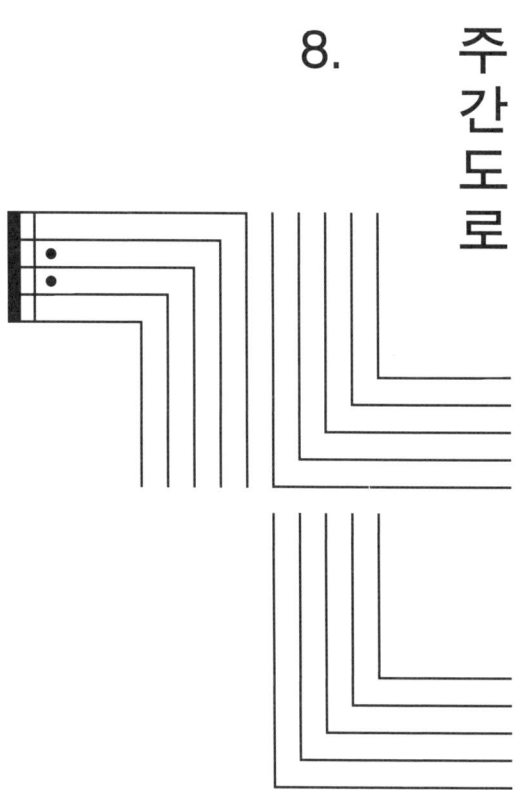

Interstate Roads
2006

작사: 내추럴 스노 빌딩스(Natural Snow Buildings)
번역과 글: 송승언

Interstate roads
Dismember you like the sun
On your way home
But there is no home

There's nothing left
In that house that once was mine
In that house that once was yours
In that house that once was ours

Before the twilight fell
And the rest of the day you've left
And I wish you'll never come back
Yes, I wish you'll never come back

주간도로[1]는
너를 조각내지 태양처럼
집에 가는 길에
하지만 집은 없어

아무것도 남은 게 없어
한때 내 것이었던 그 집에는
한때 네 것이었던 그 집에는
한때 우리 것이었던 그 집에는

황혼이 지기 전
네가 떠난 그 하루의 나머지
네가 다시 돌아오지 않기를 바라
네가 다시 돌아오지 않기를 바라

---

1. 주와 주 사이를 잇는 도로.

내추럴 스노 빌딩스(Natural Snow Buildings)와 트윈시스터문(TwinSisterMoon)의 음악은 내 삶에서 큰 지분을 차지하고 있다. 내추럴 스노 빌딩스는 메흐디 아메지안(Mehdi Ameziane)과 솔랑주 굴라르테(Solange Gularte)의 드론 포크 듀오이고, 트윈시스터문은 아메지안의 솔로 프로젝트다. 트윈시스터문은 2007년 『웬 스타스 글라이드 스루 솔리드(When Stars Glide Through Solid)』를 시작으로 2012년까지 6장의 정규반을 내고서 프로젝트를 중단했고, 내추럴 스노 빌딩스는 1999년부터 2016년까지 스무 장이 넘는 정규반을 내고서 활동을 멈췄다.

그들의 음악을 제대로 들어본 이들은 여전히 많다고 볼 수 없지만, 활동하는 동안에는 지금보다도 훨씬 더 깊은 어둠에 파묻혀 있었다. 때문에 그들이 내놓은 창작물의 양에 비해 그들을 제대로 다룬 인터뷰나 비평은 거의 없다. 그럼에도 그들은 꾸준히 음반을 냈다. 침묵 같은 어둠 속에서 그들이 아름다운 멜로디와 비장한 소음을 낼 수 있게 한 힘은 어디에서 왔을까, 그 사악한 힘은.

그들을 처음 들었을 때 느낀 경이를 설명할 방법이 내게는 없다. 범박하게 말하자면 이건 내가 원하던 음악이었다. 포크의 영향을 받은 표층 아래로 이교도적인 비트와 드론이 흐른다. 자연-초자연과 관련된 이미지들, 포크 로어와 호러를 상기시키는 메시지들, 홈레코딩으로 제작되어 나쁜 음질, 무엇보다 남성의 것이라고는 믿기 어려울 만큼 아름다운 아메지안의 목소리. (물론 나는 그의 젠더를 확신할 수는 없다.) 그들은 내가 듣고 싶었던 거의 모든 것을 다 들려주고 있었다.

먼저 트윈시스터문. 그의 모든 음반을 좋아하지만 단 하나만 꼽으라고 한다면 첫 음반인 『웬 스타스 글라이드 스루 솔리드』이고, 아마도 트윈시스터문의 팬이라면 대부분 그렇게 생각할 것 같다. 그 음반은 정말로 인디 포크 역사상 기념할 만한 음반이라고 생각한다. 브리티시 포크와 앰비언트 드론이 이교도적인 소재들과 결합해 데카당스 예술의 걸작이라고 부를 만한 게 만들어진 것이다. 이 음반은 얼어붙어 뼈로 변한 장미, 교외의 뱀파이어, 악마의 목소리로 우는 새, 뇌를 꺼내는 오지브웨이족 유령의 이야기들을 중독적인 멜로디 속에 흘려보낸다. 느리고 단순한 기타 연주와 처연한 목소리가 조합되는가 하면 피리와 탐부라의 불길한 드론으로 청자를 아주 먼 곳에 데려다 놓기도 한다. 조악한 음질이 무슨 상관이란 말인가? 스튜디오 녹음을 해서 음질이 깨끗했더라면 덜 훌륭한 음반이 됐을지도 모를 일이다.

내추럴 스노 빌딩스의 작업은 아주 많고, 때문에 작업 시기나 음반 콘셉트에 따라 약간씩 스타일의 차이를 보이기도 한다. 「주간 도로」가 수록된 『더 댄스 오브 더 문 앤드 더 선(The Dance of the Moon and the Sun)』이 대표작 중 하나이고, 보다 마니악한 팬이라면 『더 스노브링어 컬트(The Snowbringer Cult)』를 좀 더 좋아할 것 같기도 하다. 『도터 오브 다크니스(Daughter of Darkness)』처럼 제정신으로 만든 것 같지 않은 음반도 있다. 이 음반의 재생 시간은 6시간이 넘는다.

그들은 실물 음반을 많이 만들지는 않았다. 『웬 스타스 글라이드 스루 솔리드』는 처음 만들어질 때 수제작으로 단 30장만 제작되었다. 한 음악 웹진이 이메일로 진행한 인터뷰[2]에서 아메지안이 한 말에 따르면, 그는 딱 그만큼의 사람들이 흥미를 보일 음반이라고 생각했다. 물론 그보다는 많은 사람들이 그들의 음악을 들었지만 말이다. 그들의 음반은 대부분 실물로는 소량으로만 제작되는 데 그쳤고, 이 때문에 컬트적인 마니아와 컬렉터들의 타깃이 되기도 했다.

음악과 산업과 팬들에 관한 아메지안과 굴라르테의 생각은 흥미롭다. 그들에게 (소수의) 팬들이란 추상적인 개념에 가깝다. 그들은 실제로 공연을 하는 일이 거의 없으며 아주 가끔 공연할 때 마주하는 팬들의 반응에 조금 놀라고 기쁘기도 하지만, 그렇다고 해서 팬들이 그들의 음악 만들기에 영향을 미치지는 않는다. 그들에게 음악을 실물 음반에 담아내는 것은 중요한 일이고, 누군가가 그 음반을 구입해 음반의 탄생을 함께하는 것은 그들에게 힘이 되는 일이지만 그렇다고 해서 자신들을 널리 알리기 위해 홍보하고 더 많은 음반을 찍어내고 싶은 것은 아니다. 그들은 그러한 것을 과잉 생산이라고 생각하며 과잉 생산이 언제나 해답인 것은 아니라고 말한다. 그들은 꾸준히 적은 양의 음반을 발매하며 자신들의 예술을 지속하고 싶을 뿐이다. MP3를 통한

---

2. 브레인워시드(Brainwashed.com)에 2010년 게재된 인터뷰. 그러나 사이트 개편 이후 과거 자료의 많은 부분이 유실된 것으로 보이는데, 내추럴 스노 빌딩스의 인터뷰 또한 후반부가 누락되어 있다. 인터뷰 내용을 일부 요약한 부분은 내가 당시에 해당 인터뷰를 읽고서 따로 작성해둔 것이다.

음원의 공유는 그들에게 긍정적인 부분이다. 그로 인해 소량의 음반만 찍어내는 그들의 음악이 오랫동안 지속될 것이고 필요한 이들에게 가 닿을 것이기 때문이다.

좋아하는 무언가를 만들면서, 그것을 자신의 업으로 두되 자신이 통제할 수 없는 만큼의 크기로 부풀려져 시장의 통제를 받는 것은 회피하면서, 굶지 않고 지속하기란 얼마나 어려운 일인가. 물론 누구보다도 내가 너무나 잘 알고 있다. 그렇기에 나는 그들이 부럽고 고마웠다. 나는 내 장례식을 내가 좋아하는 음악으로 꾸미는 상상을 종종 하는데, 아마도 그들의 음악은 목록 중 가장 많은 부분을 차지하게 될 것 같다.

9. 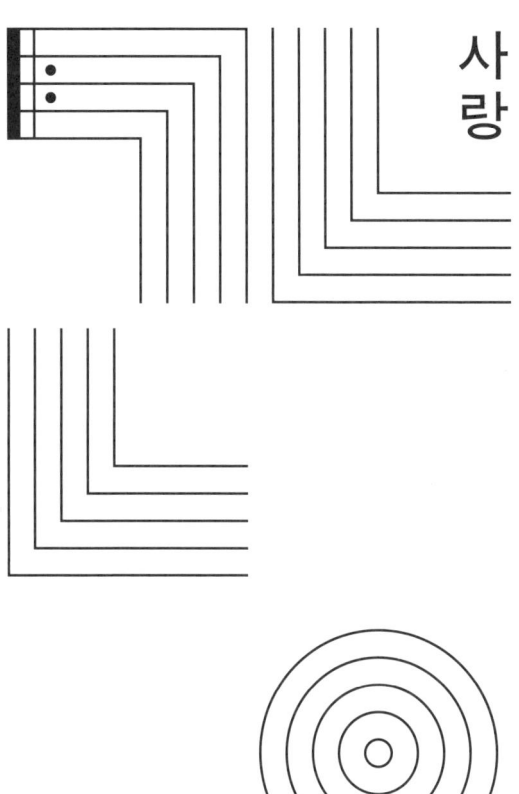 사랑

Love
1970

작사: 존 레논(John Lennon)
번역과 글: 최진규

Love is real
Real is love

Love is feeling
Feeling love

Love is wanting   Love is touch
To be loved   Touch is love

                      Love is reaching
                      Reaching love

                      Love is asking   Love is you
                      To be loved   You and me

                                          Love is knowing
                                          We can be

                                                          Love is free
                                                          Free is love

                                                          Love is living
                                                          Living love

                                                          Love is needing
                                                          To be loved

사랑은 현실
현실이 사랑

사랑은 느낌
느낌이 사랑

사랑은 원하기
사랑받기를 원하는 것

사랑은 만짐
만짐이 사랑

사랑은 가닿기
가닿는 것이 사랑

사랑은 요청
사랑받기를 요청하는 것

사랑은 당신
당신과 나

사랑은 알기
우리가 할 수 있음을 아는 것

사랑은 자유
자유가 사랑

사랑은 생활
생활이 사랑

사랑은 필요
사랑받기를 필요로 하는 것

노래의 첫 소절. '러브 이즈 리얼'을 듣는 순간 떠오른 것은 '포도 선생님'이 늘 하시는 말씀이었다. 포도 선생님은 수업 시간에 틈만 나면 이렇게 강조하신다. "농사는 현실입니다."

나는 지난달부터 농업기술센터에서 포도 재배법을 배우고 있다. '포도 농사 수업'이다. 포도 농사 수업이 어떤 건지 궁금해하실 분들을 위해 간단히 설명드리면, 첫 시간에는 '땅'에 대해 배웠다. 과수를 키우기 좋은 땅은 어떤 땅인가. 나무에 필요한 양분은 어떤 것들인가. 땅이 양분을 잘 보관하게 하려면 어떻게 해야 하나. 양분이 너무 많으면 어떤 문제가 생기나. 물이 너무 많을 때는 어떡하나. 물 빠짐을 어떻게 설계해야 할까. 배수가 안 좋은 땅을 개선할 방법은 무엇일까… 등등.

첫 시간에는 농사짓기 좋은 땅에 관해 공부했다. 수업은 4시간. 사람들은 농사짓는 데 알아야 하는 내용이 이렇게나 많다고? 하는 표정으로 고개를 절레절레 흔들었다. 그런 사람들을 향해 선생님은 여러 번 강조했다. "이 중에서 뭐 하나만 잘못돼도 안 되는 거예요. 한 해 새빠지게 지은 농사 다 날아간다고요. 잘 기억하세요. 농사는 현실입니다."

두 번째 시간에는 '비료'와 '퇴비'와 '농약'을 공부했다. 처음에는 비료를 배웠다. 농사짓는 땅에는 질소, 인산, 칼륨, 칼슘, 마그네슘, 황 같은 양분이 꼭 필요한데 그 양분을 보충하기 위해 땅에 비료를 넣는다. 그런데 비료는 너무 많이 줘도, 너무 적게 줘도 안 되고 알맞게 줘야 한다. 그럼 알맞은 양은 어떻게 알 수 있을까. 요즘은 사람이 건강검진하듯이 흙을 '토양검사' 해서 토양의 양분 상태를 알아낸다고 한다. 토양검사를 하면 땅에 필수 양분이 얼마나 있는지, 유기물은 얼마나 있는지, 산성도는 어떤지, 전기전도도는 어떤지 등이 분석된다. 그에 맞춰 필요한 비료의 양을 계산해 땅에 뿌리고 뒤섞이도록 갈아엎어 밭을 만드는 것이다.

양분을 비료로 공급한다면 유기물은 퇴비로 공급한다. 퇴비는 가축의 똥으로 만든다. 돼지의 똥, 소의 똥, 닭의 똥을 섞는다. 그런데 똥만 섞어서는 안 된다. 볏짚과 미생물이 같이 들어가야 후숙이 되면서 땅에 필요한 유기물 퇴비가 된다. 퇴비는 퇴비 공장에서 만드는데, 원래 못해도 6개월 이상 후숙해야 사용해도 좋은 퇴비가 되지만, 냄새 나는 퇴비를 6개월씩 공장에 보관했다 파는 게 현실적으로 어려워 다들 만든 지 두어 달 된 퇴비를 출고한다고 한다. 그래서 공장에서 산 퇴비는 밭에 바로 뿌리지 말고 1년쯤 밭 옆에 쌓아두었다가 충분히 후숙되면 뿌리라고 선생님이 알려주었다. 시골길을 걷다 보면 곳곳에 퇴비 포대가 쌓여 있는데, 그게 치워지지 않고 1년씩 쌓여 있었던 이유가 이런 거였구나 하고 깨달았다. 후숙 전 퇴비에서는 고약한 냄새가 나지만 잘 후숙된 퇴비에서는 좋은 향기가 난다고 한다.

비료와 퇴비 다음으로는 농약에 대해 배웠다. 농약에 대해서는 나는 여기 쓸 말이 없다. 왜냐하면 농약 수업에 이르러서 나는 그만 포기하고 말았기 때문이다. 이름도 무슨 화학식처럼 길고 어려운 다종다양한 농약들의 용도와 살포 시기를 도저히 익힐 수가 없었다. 나는 그만 전의를 상실하여 넋을 놓고 말았다. 하지만 끝까지 정신을 바짝 차리고 선생님 설명을 열심히 기록하는 분들이 계셨다. 그분들은 나와 달리 지금 현재 포도 농사를 짓고 계신 분들. 나는 모르는 말들의 포화 속에서 넋을 놨지만 그분들은 그 말을 다 알아듣고 계셨고, 땅과 비료와 퇴비 설명 때보다 오히려 훨씬 집중하고 있었다. 그 모습을 보니 농약이야말로 실전이구나 싶었다. 그분들에게 앞선 설명은 사실 기초반 수업 내용 같았을 테고, 농약 수업부터 비로소 실전반 수업처럼 여겨지지 않았을까 싶다.

하지만 실전반 선배님들에게도 농약 수업은 어려웠던가 보다. 수업을 마칠 무렵 표정을 보니 다들 하나같이 어질어질해하는 모습이었다. 그런 우리를 보며 포도 선생님은 또 한 번 강조했다. "제가 자꾸자꾸 이 소릴 할 거예요. 여러분 대부분이 퇴직금에 은퇴 자금에 대출 껴서 농사 시작한단 말이에요. 고령에 직장 얻기는 하늘 별 따기 같고 시간은 생겼는데 딱히 할 일 찾기 어려우니까 우리가 농업을 생각한단 말이에요. 제가 젤 걱정하는 게 이거예요. 자칫 평생 번 돈을 한 방에 잃어요. 쉽게 생각하시면 안 되고, 많이 고민하셔야 해요. 잘 배우고 신중히 시작하셔요. 농사는 현실이에요."

선생님의 염려는 고마운 것이었다. 하지만 고마운 현실 얘기도 자꾸 듣다 보면 주눅 들기 마련. 다들 표정이 복잡하고 어깨가 처진 걸 보고 포도 선생님이 말씀하셨다. "비료랑 농약 배워 보니까 꽤 복잡하지요?

비용도 들고 할 일도 많고 또 이게 하자니 께름칙하고
안 하자니 겁난단 말이에요. 근데 비료랑 농약 안 하고
포도 키우는 방법이 있긴 있어요. 뭔 줄 아세요?"

4시간 동안 이어진 긴 수업의 끄트머리에서 선생님은
갑자기 새로운 비법을 말하려고 했다. 꽤나 지쳐 있던
사람들의 눈이 돌연 반짝였다. 선생님은 정말이지 기대
이상으로 근사한 비법을 말해줬다. 하지만 그 비법을
여기에서는 상세히 말하지 않을 생각이다.

대신 포도 선생님이 전수한 비법을 한마디로 압축한
결과를 알려드리려 한다. 딱 한 단어로 하자면 그것은
'사랑'이다. 그리고 그 실천은 존 레논의 노래 가사처럼
하면 된다. 느낌, 원하기, 만짐, 가닿기, 요청, 자유, 생활,
필요…. 이것은 현대식 농법 이전에 아주 오랫동안 포도
농부들이 해온 방법이다. 사랑.

10.

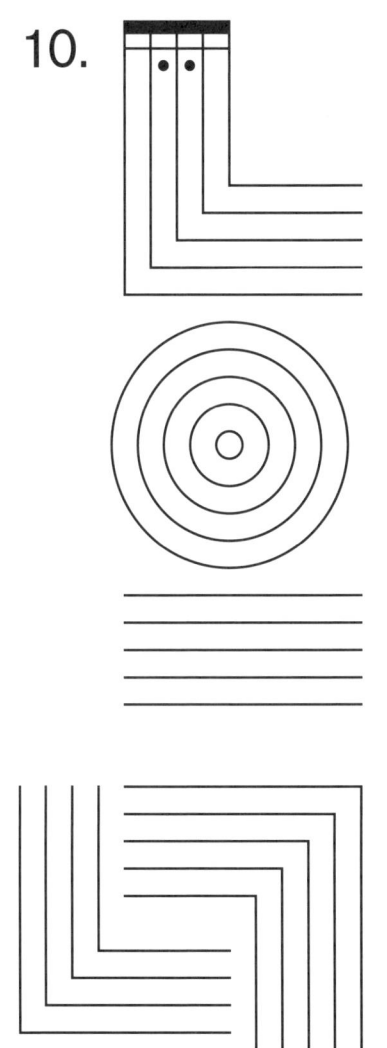

흠뻑 빠졌어요

Head Over Heels
1985

작사: 티어스 포 피어스(Tears for Fears)
번역과 글: 이재민

I wanted to be with you alone and talk about the weather
But traditions I can trace against the child in your face
Won't escape my attention

You keep your distance via the system of touch
And gentle persuasion
I'm lost in admiration, could I need you this much?
Oh, you're wasting my time
You're just, just, just wasting time

Something happens and I'm head over heels
I never find out until I'm head over heels
Something happens and I'm head over heels
Ah, don't take my heart, don't break my heart
Don't, don't, don't throw it away
Throw it away, throw it away

I made a fire, and watching it burn
Thought of your future
With one foot in the past, now just how long will it last?
Now, now, now, have you no ambitions?

My mother and my brothers used to breathing clean air
And dreaming I'm a doctor
It's hard to be a man when there's a gun in your hand
Oh, I feel so

    Something happens and I'm head over heels
    I never find out until I'm head over heels
    Something happens and I'm head over heels
    Ah, don't take my heart, don't break my heart
    Don't, don't, don't throw it away

    And this is my four leaf clover
    I'm on the line, one open mind
    This is my four leaf clover

    In my mind's eye
    One little boy, one little man
    Funny how time flies

날씨 얘기나 하면서 당신하고만 있고 싶어요
하지만, 천진난만한 얼굴 뒤에 숨은
당신의 지난날을 알고 싶어 견딜 수가 없어요

당신은 잘 설계된 부드러운 터치와 설득의 방법으로
항상 거리를 유지하네요
난 이다지도 당신을 원하는지 경탄하고 있어요
오, 당신 때문에 내 시간을 낭비하고 있어요
내 시간만 속절없이 흘러가요

무슨 일이 일어난 건지,
난 완전히 당신에게 빠져버렸어요
당신에게 빠져서 헤어 나오지 못하고 있어요
무슨 일인지 난 홀딱 빠져버렸어요
아, 내 마음을 가져가고 상처 주지 말아요
내동댕이치지 말아요 버리지 말아줘요

내 마음에 불을 붙이고 활활 타오르는 걸 지켜봐요
과거에 한쪽 발이 묶인 당신의 미래를 생각해요
이 상황이 얼마나 지속될까요?
지금은, 지금의 당신은 이대로 괜찮나요?

반듯한 우리 엄마와 형은
내가 의사가 되기를 바란대요
당신에 대한 원망을 품은 채
제대로 된 사람이 되긴 어려워요
오, 난 그렇게 느껴요

무슨 일이 일어난 건지,
난 완전히 당신에게 빠져버렸어요
당신에게 빠져서 헤어 나오지 못하고 있어요
무슨 일인지 난 홀딱 빠져버렸어요
아, 내 마음을 가져가고 상처 주지 말아요
내동댕이치지 말아요 버리지 말아줘요

이건 내 네잎클로버에요
문 앞에 서서 당신이 들어오기만을 빌어요
네잎클로버로 비는 소원

내 맘속 눈에는
그저 작은 꼬마, 그저 작은 아이가 보여요
시간이 얼마나 쏜살같은지 우습네요

2018년에 긴 출장으로 베네치아에 갔었다. 6년 전이다. 타지에서 오랜 시간을 많은 사람들과 함께 지내다 보면 모든 일이 마냥 즐겁지만은 않다. 외국에 있다는 흥분과 너그러움이 많은 일을 덮어주기도 하지만, 당시에는 마음을 짓누르는 것이 유독 많았다. 시간을 낭비하고 있다는 생각이 들기도 했다. 골목골목 어디를 둘러봐도 시야가 꽉 막힌 도시 특유의 풍경이 답답함을 배가시켰다. 베네치아는 멋진 곳이지만 작고 빽빽한 그곳에만 머무르기에 일주일은 너무 길었다. 일이 없는 시간을 틈타 비엔날레의 모든 전시를 둘러보고, 산마르코 광장에서 소규모 캄보의 연주를 듣고, 건축가 스카르파(Carlo Scarpa)가 디자인했다는 올리베티 쇼룸을 구경하고, 리알토 다리 근처에서 기념품을 샀다. 눈곱 낀 고양이 여러 마리가 나른하게 졸고 있던 고서점에서 먼지 묻은 책을 툭툭 털어가며 몇 시간이고 뒤적였다. 도시 내에 딱 한 군데 있던 레코드 가게도 둘러봤다. 그다지 눈에 들어오는 음반은 없었고, 케니 도햄(Kenny Dorham)의 앨범을 기념품 삼아 시세보다 비싸게 한 장 구입했다. 프로세코를 너무 많이 마셔서 입안에 단맛이 남았고, 관광지 식당의 파스타는 한 그릇도 더 먹지 못할 만큼 물렸다.

무거운 마음을 안고서 바포레토[1]를 타고 도망치듯 리도섬으로 들어갔다. 도로에 자동차가 다니고 시야가 확 트여 지평선이 보이니 가슴이 후련해졌다. 중국 음식점에 들러 산라탕과 딤섬, 바이주를 청해 점심을

---

1. 베니스의 교통수단으로 이용되는 수상 버스.

먹었다. 메뉴판에는 바이주가 '차이니즈 그라파'라고
적혀있었다. 엉터리 중국 음식이었지만 속이 조금
풀렸다. 길거리에서 파는 비치 샌들을 하나 사 신고서,
입고 있던 재킷과 신발은 가방에 쑤셔 넣은 채
리도섬의 거리를 걸었다. 주택가는 예쁘고 아담했지만,
사람이 한 명도 보이지 않았다.

영화 『베니스에서의 죽음(Morte a Venezia)』[2]의
배경이 되었던 해변을 찾았다. 타지오처럼 어리고
날씬하고 새하얀 미국인 학생 무리가 드러누워 나른한
눈빛으로 담배를 나눠 피우고 있었다. 샌들을 신은
채로 해변에 잠시 발을 담근 후, 영화의 촬영지였던
베인즈 호텔 앞으로 걸어갔다. 1900년에 문을 연 호텔은
2010년에 문을 닫았다가, 2011년부터 추진 예정이던
고급 콘도미니엄 단지로의 리노베이션 프로젝트가
무산되면서 여전히 방치된 채로 남아있다. 유령의 집
같은 큰 건물을 뒤로한 채 새소리를 들으며 긴 벤치에
앉아 쉬고 있자니 한 꼬마 아이와 그 엄마가 옆에 와
앉았다. 아이가 칭얼대며 엄마의 무릎을 베고 눕자,
엄마는 말없이 아이의 머리를 쓰다듬었다. 집에 있는
고양이가, 그리고 어린 시절의 일들이 생각났다.

다시 인적이 없는 뜨겁고 조용한 주택가를 향했다.
집마다 핀 이름 모를 꽃들의 선명한 색상과 담벼락에

---

2. 토마스 만(Thomas Mann)의 동명 소설을 각색한 루키노 비스콘티(Luchino Visconti) 감독의 영화. 1971년 개봉했다. 늙고 병들어 요양차 베네치아에 온 작곡가 구스타프 아센바흐(Gustav von Aschenbach)가 미소년 타지오(Tadzio)를 우연히 만나 사랑에 빠지는 내용을 다룬다. ('베니스'는 외래어 표기법에 맞지 않지만 널리 사용되어온 제목이라 그대로 둔다.)

길게 드리워진 차양의 그림자 같은 것들을 연신
카메라에 담았다. 와이파이가 되는 그늘진 카페에
들어가 레모네이드를 마시고 담배를 피우며, 타지오를
바라보던 아셴바흐처럼, 지나가는 관광객과 수영복만
걸친 날씬한 남자아이들을 선글라스 너머로 훔쳐보며
시간을 보냈다. 얼마간 시간이 흐른 후, 카페에서 틀어둔
라디오에서 「흠뻑 빠졌어요(Head Over Heels)」가
흘러나오고 있다. 낯선 곳에서 조우하는 아는 노래는
구원자처럼 반갑다. 그 노래를 듣고 있자니 지금이
2018년이 아닌 것 같았다.

티어스 포 피어스(Tears for Fears)는 커트 스미스(Curt
Smith)와 롤랜드 오자발(Roland Orzabal)로 구성된
영국의 뉴웨이브 듀오다. 신스팝의 인기를 주도했던
팀으로, 밴드의 이름은 "어린이들의 공포(fears)는
눈물(tears)로 극복할 수 있다"는 미국의 심리학자
아서 야노프(Arthur Janov)의 치료법에서 차용했다고
한다. 「흠뻑 빠졌어요」는 이들이 1985년에 발표한
곡으로, 진지하지 않은 태도로 화자를 만나는 연인을
향한 불안감을 노래하고 있다. 'Head Over Heels'를
직역하면 '발뒤꿈치를 넘어가는 머리'로 공중제비하듯
몸이 완전히 뒤집어졌다는 뜻인데, 누군가에게
마음이 푹 빠졌을 때 쓰는 표현이라고 한다. 가사에
등장하는 상대방은 어떤 과거의 사건이나 감정에
사로잡혀 화자에게 완전히 마음을 주지 못하고 있는
듯하다. 화자는 "내 시간을 낭비하게 한다"며 연인을
원망하면서도, "제발 버리지 말라"고 애원한다.
지푸라기라도 잡는 심정으로 네잎클로버에 의지하며

희망을 놓지 못한다. (1985년에 영국에서는 이 부분의 가사를 반영한 것으로 보이는 네잎클로버 모양의 7인치 싱글 픽쳐 디스크가 한정 발매되기도 했다.)

호텔 앞에서 본 칭얼대던 어린아이가 마음에 남았다. 내가 그 아이와 비슷한 나이였던 1980년대를 단번에 소환하는 신시사이저의 음색은 단단히 붙잡고 있던 마음의 한 부분을 쉽게 허물어뜨렸다. 예고도 없이 눈물이 흘렀다. 많은 사람들의 불안한 마음과 욕망이 뒤죽박죽 뒤섞인 베네치아에는 상냥하고 밝은 표정 뒤로 무겁고 음울한 감각이 서려있었다. 영화 끝자락 아셴바흐의 우스꽝스러운 모습은 비참했지만, 그 배경이 되었던 해변의 풍경은 아름다웠다. 맥주를 한 병 마시려다가, 어릴 때 먹던 파르페 비슷하게 생긴 알록달록한 아이스크림을 팔길래 하나 사 먹었다.

일정의 마지막 날 리도섬의 수평선을 다시 한번 눈에 담은 후 서울로 돌아왔다. 살던 집의 이사와 회사의 여러 가지 업무가 기다리고 있었고, 감상적이었던 기분은 거짓말처럼 휘발되었다. 영화의 진행과는 반대로, 관광지에서부터 일터로, 욕망의 세계에서 절제의 세계로, 디오니소스의 세계에서 아폴론의 세계로 되돌아왔다. 비엔날레의 전시 팸플릿도, 바포레토의 물보라도, 차이니즈 그라파도, 담벼락의 그림자도, 80년대의 일들도, 욕망과 조바심도, 유령의 집과 눈물과 네잎클로버에 기대는 행운도, 모두 서랍 속의 추억으로 남겼다. 긴 일정이었지만 아무래도 그 도시와 내가 서로에게 푹 빠지지는 못했던 것 같다.

11.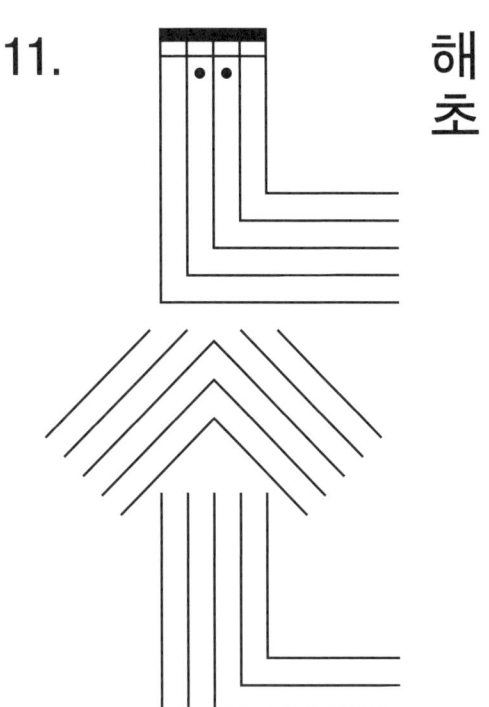

해초

Seaweed
2017

작사: 필 엘버럼(Phil Elverum)
번역과 글: 송승언

Our daughter is one and a half,
you have been dead eleven days
I got on the boat and came to the place
Where the three of us were going to build our house if you had lived
You died though,
So I came here alone with our baby and the dust of your bones

I can't remember, were you into Canada geese?
Is it significant, these hundreds on the beach?
Or were they just hungry for mid-migration seaweed?

What about foxgloves? Is that a flower you liked?
I can't remember, you did most of my remembering for me

And now I stand untethered in a field full of wild foxgloves
Wondering if you're there, or if a flower means anything
And what could anything mean in this crushing absurdity?

I brought a chair from home, I'm leaving it on the hill
Facing west and north, and I poured out your ashes on it
I guess so you can watch the sunset
But the truth is I don't think of that dust as you

You are the sunset

우리 딸은 한 살 하고 반
당신이 죽은 지는 열하루째
나는 보트를 타고
우리 셋의 집을 지으려던 곳에 왔어
당신이 살아있었다면 말이야
당신은 죽었지만
그래서 우리의 아이와 당신의 뼛가루를 들고
나는 여기에 홀로 왔어

기억나지 않아, 당신이 캐나다기러기들을 좋아했던가?
수백 마리 기러기들은
무슨 이유가 있어 이 해변에 모인 걸까?
아니면 그저 철 따라 움직이던 중에
배가 고파 해초를 먹고 싶었던 걸까?

폭스글러브는 어땠지? 그 꽃을 당신이 좋아했었나?
기억이 나지 않아
넌 내가 기억해야 할 많은 것들을 대신 기억해 줬지

이제 나는 야생 폭스글러브로 가득한 들판에 홀로 서있어
네가 여기에 있다면,
또는 꽃에 무슨 의미가 있다면, 하고 생각해 보지만
이런 참담한 부조리 속에 무슨 의미가 있겠어?

집에서 의자 하나를 가져와 언덕에 뒀어
북서쪽을 바라보도록
그 위에 당신의 유해를 부었지
그러면 당신이 노을을 볼 수 있을 것 같아서

하지만 솔직히 저 뼛가루가 당신이라고 생각하지는 않아

당신은 노을이야

필 엘버럼(Phil Elverum)은 1996년부터 더 마이크로폰스(The Microphones)라는 밴드로 활동해왔고 2003년부터는 마운트 이리(Mount Eerie)라는 프로젝트로 활동하고 있다. 그는 포크와 록을 중심으로 때로는 침묵에 가까운 정적인 소리를, 때로는 거칠고 광활한 소음을 들려준다.

그는 2010년과 2018년에 내한했다. 2010년 홍대 롤링홀에서 그를 만난 기억이 아직 생생하다. 음악으로, 또한 웹상에 떠도는 사진으로 상상한 그의 이미지는 조금 마르고 여린 청년이었다. 실제로 만난 그는 키가 180cm인 나보다 머리 하나는 더 달린 듯이 컸고 체구도 꽤 장골처럼 느껴졌다. 나는 공연장 벽 한쪽에 서있는 그와 악수를 나눴고 내가 가지고 온 그의 음반들에 사인을 받았다. 좋아하는 뮤지션과 악수를 나누고 사인을 받은 일은 그게 처음이자 마지막이었다.

그날 공연은 아름다웠다. 나일론 줄을 감은 기타 한 대로 쉼 없이 노래하는 모습이 인상적이었다. 공연장 측에서 연기를 너무 자욱하게 뿌린 탓도 있었겠지만, 연기에 가려진 그는 거의 노래 그 자체가 된 것만 같았다. 그는 시차 적응을 못 해 힘들어하는 와중에도 열성을 다해 즐겁게 공연했으며 앵콜도 많이 받았다. 한참 부른 뒤 기억하는 노래를 다 불렀다고, 다른 노래들은 기억하지 못한다며 공연을 끝냈다. 이때 나는 '자기 노래를 기억하지 못할 리가 없다'며, 그저 적당한 순간에 공연을 맺고자 핑계를 댔다고 생각했지만, 한참 지나 생각해 보니 그의 기억력에 벌써 문제가 있던 게 아닌가 싶기도 하다. 어쨌든 그날은 나에게 오랫동안 행복한 기억으로 남아있다.

2018년 서교동 웨스트브릿지 라이브 홀에서 진행된 내한 공연은 사정이 좀 달랐다. 『어 크로우 룩드 앳 미(A Crow Looked at Me)』, 『나우 온리(Now Only)』라는 두 장의 음반을 낸 뒤였다. 그 두 음반을 발표하기 전인 2016년에 그는 배우자 준비에브(Geneviève Castrée)를 췌장암으로 떠나보냈다. 준비에브는 필 엘버럼의 배우자인 동시에 음악과 그림을 하는 동료 예술가였다. 둘 사이에는 갓 낳은 딸 하나만 남았다.

그는 아내를 보낸 충격 때문에 한동안 정상적으로 생활하지 못했다. 한 달여가 지난 뒤 그는 아내를 기리는 노래들을 만들기 시작한다. 아내가 죽은 방에서 아내가 쓰던 기타와 베이스와 앰프와 낡은 아코디언을 사용해 녹음하고, 생전에 아내가 바라보던 창밖을 바라보며 아내의 노트에 가사를 써 내려간다. 그렇게 12월까지 만든 노래들을 묶은 음반이 『어 크로우 룩드 앳 미』다. 『나우 온리』 또한 그 이후에 계속되는 후유증 같은 슬픔을 담고 있다.

2018년의 공연에서 노래하던 그는 매우 고통스러워 보였는데, 그것이 노래에 담긴 아내에 관한 기억 때문이었는지 아니면 컨디션의 문제였는지는 알 수 없다. 약 50분간의 그리 길지 않은 공연을 끝내고 그는 앵콜 없이 내려갔다. 몇몇 청중은 공연 내내 울고 있었다.

『어 크로우 룩드 앳 미』는 죽은 아내에게 쓴 편지이자 독백에 가까운 가사들로 채워져있다. 당연하게도 지극히 슬프다. 몇몇 가사 속 이야기를 들춰보자. 당신(아내)은 죽은 뒤에도 우편물을 받는다. 당신의 이름으로 된 소포가 와서 받아보니 한 살배기 딸아이가 언젠가 학교에 입학하면 멜 배낭이다. 나는 계단 앞에 쓰러져 운다(「리얼 데스(Real death)」). 나는 지난여름 무더위 속에서 당신의 물건을 정리했다. 그러는 와중에도 내리는 빗속에, 더위의 열기 속에 당신이 살아있다고 느꼈다(「포레스트 파이어(Forest Fire)」). 어느덧 시월이 되어 추워졌다. 마침내 당신이 쓰던 욕실의 쓰레기통을 비웠다. 쓰레기통 속에는 당신이 쓰던 칫솔, 당신의 피가 묻은 티슈, 당신의 쓰레기들이 가득하다. 난 살기 위해 그것들을 버린다(「투스브러시/트래시(Toothbrush/Trash)」).

웹상에 알려진 정보에 따르면 「해초(Seaweed)」의 가사는 준비에브가 사망한 지 11일째 되는 날인 2016년 7월 20일에 쓰였다. 필 엘버럼은 기억력이 좋지 않았고, 그가 기억해야 할 많은 것들을 아내 준비에브에게 의존했던 것 같다. 아내 사후에 그의 기억력 감퇴는 더 심해진 듯하다. 새 가족의 터전이 되어야 했으나 그러지 못한 땅에서, 아내의 뼛가루와 함께 노을을 바라보는 풍경은 슬프고도 아름답다. 아내의 죽음을 받아들이지 못해 괴로워하던 그가 노래 말고 다른 어떤 방식으로 아내에게 말을 전할 수 있었겠는가. 이때 그에게 음악은 말할 수 없는 자의 말이 된다. 어떤 이들에게 시가 그런 것처럼.

죽음을 주된 소재로 삼는 여느 예술가들처럼 필 엘버럼 또한 삶과 죽음에 대한 가사를 많이 써왔다. 그러나 그 죽음들은 아마도 그와 가까운 데서 일어난 '진짜 죽음'은 아니었을 것이다. 가령 좀 더 젊은 시절의 엘버럼은 약간은 장난스러운 톤으로 이렇게 합창한다. "네가 정말 죽었다는 걸 믿을 수 없어. 난 네가 거기서 행복할 거라는 걸 알아. 어딘지는 모르겠지만(「아이 캔트 빌리브 유 액추얼리 다이드(I can't believe you actually died)」)." 그러나 이제 그의 아내는 믿을 수 없게도 정말로 죽었고 더는 그의 곁에 없다. 그는 가장 가까운 누군가의 진짜 죽음을 경험한 것이다. 그러한 죽음을 겪고 난 이후 엘버럼은 다시 노래한다. 죽음은 노래로 부르거나 예술로 만들기 위한 것이 아니라고. 진짜 죽음이 찾아올 때 모든 시는 벙어리가 된다고(「리얼 데스」). 물론 이 또한 죽음에 대한 노래다. 모순되게도. 그렇게라도 사랑하는 이의 죽음에 대해 말해야 한다고 생각했기 때문이었을 것이다. 죽은 자를 기리는 동시에 자신도 살기 위해.

이 음반 속에서 그의 목소리는 거의 시를 읊는 것처럼 들린다. 원래 나지막한 편인 그의 보컬 스타일을 감안하더라도 지나칠 만큼 무기력하다. 노래들은 종종 갑작스럽게 끝난다. 마치 할 말이 필요해 멜로디를 붙여 읊조리다가 할 말이 끝나면 노래를 끝내는 듯이. 그래서 내게 이 음반은 예외적으로 가사가 다른 요소들보다 중요한 것처럼 느껴진다. 최소한의 음악적 형식만 남겨둔 채 남은 에너지를 온전히 말과 목소리에 쏟아부은 것 같다.

2018년『나우 온리』를 발표한 이후, 7월경 그는 배우 미셸 윌리엄스와 재혼하지만 일 년도 지나지 않아 성격 차이로 이혼한다. 미셸 윌리엄스로서는 히스 레저와 2007년 이혼한 뒤 10년 만의 재혼이었다. 무엇이 그들을 만나게 했고 또 헤어지게 했는지 자세한 내막을 나로서는 알 수 없고 그저 망상에 가까운 추측만 할 뿐이지만, 이와 관련된 엘버럼의 마음은 2019년에 발표한『로스트 위즈덤 파트 2(Lost Wisdom pt. 2)』에 담겨있다. 자기 고백적인 예술은 때때로 나를 진저리 나게 만들지만, 그럼에도 어쩔 수 없이 아름답게 만들어진 것들에 눈을 돌리지 못하는 스스로에게 가장 진저리가 난다.

마지막으로 준비에브의 딸에게 행운의 말을 건네고 싶다. 내가 영상과 음악을 통해 접한 준비에브는 멋진 여성이었다. 퍼포먼스에는 남편보다 더 전위적인 멋이 있었고 목소리에는 힘이 있었다. 그의 딸이 엄마만큼 멋지게 자라나기를. 그가 남긴 여러 유산을 통해 그와 영적으로 계속 교감하고 연결되기를. 그리하여 예술의 힘으로 오래 행복하기를.

12. 낙하산

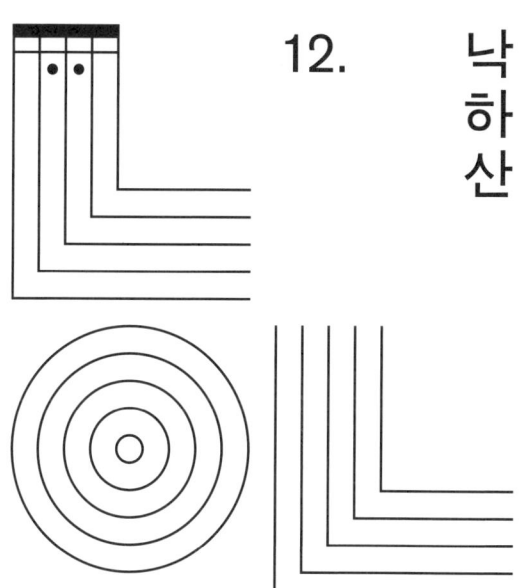

Parachute
2006

작사: 션 오노 레논(Sean Ono Lennon)
번역과 글: 이민휘

Love is like an aeroplane
Jump and then you pray
Lucky ones remain
In the clouds for days
Life is just a stage
Let's put on the best show
And let everyone know

'Cause if I have to die tonight
I'd rather be with you
Cut the parachute before you die
Baby don't you cry
You had to bring me down
We had some fun before we hit the ground

> Love is like a hurricane
> You know it's on the way
> You think you can be brave
> Underneath the waves
> Life is just a dream
> Which of us is dreaming?
> And who will wake up screaming?
>
> 'Cause if I have to die tonight
> I'd rather be with you
> Cut the parachute before you die
> Baby don't you cry
> You had to bring me down
> We had some fun before we hit the ground

사랑은 비행기 같지
뛰어내린 후에 기도해
운이 좋은 이들은 구름 속에 며칠이고 머무른다
인생은 무대일뿐
가장 훌륭한 쇼를 선보이자
모두가 알도록

오늘 밤 내가 죽어야 한다면
난 너와 함께 있을래
죽기 전 낙하산을 자르렴
울지 마
넌 날 끌어내려야 해
바닥을 치기 전 우리는 그래도 좀 재미있었잖아

사랑은 허리케인 같아
넌 그게 오고 있는 걸 알지
넌 용감해질 수 있다고 생각하지
파도 밑에서
인생은 꿈 같아
우리 중 누가 꿈을 꾸고 있을까
그리고 누가 비명을 지르면서 깨게 될까

오늘 밤 내가 죽어야 한다면
난 너와 함께 있을래
죽기 전 낙하산을 자르렴
울지 마
넌 날 끌어내려야 해
바닥을 치기 전 우리는 그래도 좀 재미있었잖아

나는 말을 하는 것만큼이나 말하지 않는 것을 좋아해서 2년 정도 아주 필요한 말 외에는 말을 하지 않고 지낸 적이 있다. (말을 하지 않으면 불필요한 오해나 불편이 생기기도 하지만, 말을 많이 할 때 미처 알 수 없는 것들을 알게 될 때가 많다.) 또 나는 음악만큼이나 음악이 들리지 않는 순간의 소리들을 사랑하고, 영화에서 만듦새가 훌륭한 음악을 듣는 것만큼이나 아무 음악도 들을 수 없는 영화를 감상하기를 좋아한다. 이미 그 자체로 아름다운 침묵과 우리 주변의 소리들을 뚫고, 음악이라는 미디엄에 하고 싶은 이야기들을 담을 때, 그래서 나는 당위를 찾는다. 영화 음악 작업을 할 때도 예외 없이 질문한다. 굳이? 여기 꼭 음악이 들어가야 할까? 왜? 영화 음악은 그나마 팀 작업이기 때문에 일을 마무리할 수밖에 없는 마감이 정해져 있는 편이지만, 딱히 기한이 없는 개인 작업에서 이런 고민들은 몇 년씩이나 발목을 잡고 한도 끝도 없이 늘어진다. 고민은 책임과 한 쌍이다. 후에 변형되고 도망칠 수 있을지라도 나는 작업이라는 틀에 포획되어 박제될 이야기를 책임져야 한다. 내가 가지고 있는 이야기들이 굳이 노래라는, 영원히 어딘가 떠돌아다니며 존재하는 몸을 가져야 할까?

> 음악의 소리는 말의 소리처럼 침묵과 대립하는 것이 아니라, 침묵과 평행한다. 음악의 소리는 침묵 위를 흘러가듯이 침묵에 떠밀려 표면 위로 나온 것이다. 음악은 꿈꾸면서 소리하기 시작하는 침묵이다.
> ─『침묵의 세계』, 막스 피카르트, 최승자 옮김, 까치

다른 음악가들은 어떤지 모르겠지만 내게는 가사 쓰기가 작업 과정 중에 가장 어렵고 고통스럽다. 의도하지 않더라도 가사에는 창작자의 생각과 가치관, 인성(!)이 담기고 그것들은 아무리 숨겨도 드러날 수밖에 없다. 누구 말마따나 창작물은 창작자라는 인간보다 훨씬 나은 모습으로 정리되는 무엇이지만 한 해 한 해 나이 먹을수록 노랫말 쓰는 게 어려운 이유는 그럼에도 그 뒤의 사람이 드러나기 때문에, 그리고 그 사실을 인지하게 되기 때문일 것이다. 시작과 끝이 정해진 시간 안에 내 이야기를 담을 수 있는 말을 고르는 이 무거운 과정 속에서, 가사가 말과 침묵 사이 어딘가에 존재한다는 생각이 들었다. 가사에는 굳이 말로는 하지 않은/않을 말, 그럼에도 창작자에게는 너무나 중요한 말들이 담긴다. 가사에 담긴 비밀 이야기들은 공공연하게 말(언어화) 되고, 말이 아닌 노래에 담기기에 말로써 발화되지 않는 침묵에 닿아있다.

션 레논(Sean Lennon)의 「낙하산(Parachute)」은 따라 부를 때만 해도 정말 좋은 가사라고 생각했는데 번역해 놓고 보니 또 이렇게 통속적일 수가 없다. 그렇다고 해서 안 좋은 가사라는 뜻은 아니다. 가사는 자신의 마음을 꺼내어보기 전까지 쓸 수가 없는데 이렇게 솔직하고 직관적인 가사라니 참 용감하고 멋있다. 수없이 다듬은 것 같지 않은데 빛나고 힘이 있다. 그리고 그 힘은 노랫말에 맞는 소리를 입었을 때 더욱더 잘 드러난다. 통속적인 가사일지라도 얼마든지 세련되고 유려해질 수 있다. 이 가사를 시로 읽었으면 이 이야기에 동감하지 못했을 것 같은데 이곳에서는 온전히 설득력이 있다.

사랑은 허리케인 같군. 비행기 같군. 사랑은 허리케인이 되고 비행기가 되고, 노래를 따라 부르다 보면 죽기 전 사랑하는 사람과 나도 어딘가 그런 곳에 있다. 가사는 어떻게 써야 듣는 사람의 마음에 가닿을 수 있을까?

2022년 봄부터 노들장애인야학에서 노래 만들기를 진행하고 있다. 열 명 남짓의, 정규 교육에서 배제되어 학령기를 놓친 중증장애인들로 이루어진 '노들노래공장(이하 노노공)'은 공장이라는 이름에 걸맞게 매주 무려 한 곡씩(!) 다작 중이다. 노래 만들기의 과정은 이렇다. 어떤 것에 대해 노래를 만들지 떠오르는 대로 말한 뒤 투표로 주제를 정하고, 그 주제에 관한 문장을 모두가 한 마디씩 내뱉으면 가사가 엮인다. 가사가 완성되면 한 마디씩 흥얼거리며 멜로디를 붙이고 한 곡이 뚝딱 만들어진다. (나는 여기서 가사를 받아쓰고 흥얼거리는 멜로디를 오선보에 채보하는, 일종의 필경사 역할을 맡고 있다.) 누군가의 창작 과정을 처음부터 끝까지 보는 것은 흔치 않은 기회인데 나는 매주 노노공에서 가사 짓기를 함께 하면서 무엇이 좋은 가사인지, 어떻게 해야 좋은 가사를 쓸 수 있을지 다시금 생각해 보고 있다. 왜냐하면 떠오르는 대로 이야기가 엮이는 노노공의 가사 짓기 방식은 주제를 정한 뒤 리서치를 하고 이야기의 기승전결을 다듬고 체력이 다할 때까지 깎아내는 나의 가사 창작 과정과 정확히 대척점에 있기 때문이다.

2024년 8월 5일, '우정'을 주제로 만든 가사이다.

「참내」

우리는 영원한 친구
놀아주고 도와주고
맛있는 거 노나 먹고
같이 있으면 좋아요
영원한 친구가 있을까요
목소리 들으면 알 수 있지
그냥 좋아요
그냥 싫으면
친구가 아니야
참내

이런 가사를 받아쓸 때마다 나는 속으로 적잖이 놀란다. 영원한 친구인지 아닌지는 목소리를 들으면 알 수 있고, 누가 친구인지 아닌지는 그냥 좋거나 싫은 걸로 알 수 있다니?! 유레카. 나는 이 곡을 만든 8월 5일 전까지는 이걸 몰랐다. 정확히 말해서 몰랐다기보다는 나의 솔직하지 못한 마음, 혹은 솔직함에 앞선 두려움이 내가 가진 생각과 마음을 먹구름처럼 가리고 있었을 것이다. 내가 만난 사람들 중 가장 솔직한 사람들의 가사를 받아쓰면서 이런 생각이 들었다. 오랫동안 솔직해지기 두려운 마음과 싸우면서 작업을 하다 보면, 어느 순간에는 그 두려움이 자신의 진짜 마음에 가닿기도 전에 모든 것을 뿌옇게 흐릴 수도 있겠다고. 그 두려움이 미학적인, 윤리적인, 혹은 세속적인 검열로 이야기를 예쁘게 세공하는 사이, 투명하고 거친 솔직함이 저만치 앞서 사람들의 마음을 두드릴 수도 있겠다고. 재미있는 사실은, 가사 창작에서의 솔직함은 가사가 지닌 신비하고 비밀스러운 공간을 전혀 해치지 않는다는 것이다. 수많은 마음의 갈래 속에 길어 올린 이야기가 가사에 담길 때, 가사는 그만의 독특하고 새로운 공간을 만들어낸다. 그냥 싫으면 친구가 아니라는 사실도, 오늘 밤 죽어야 한다면 네가 낙하산을 잘라주었으면 하는 마음도 우리 사이의 비밀이다.

이성적으로 설명되지 않는 감정에 마음이 휘둘리고 힘들 때, 나만 그런 게 아니라는 것을 노래에서 확인하고 그것을 다른 이들과 나누는 순간 나의 마음은 이내 견딜 만한 것으로 바뀐다. 이 마음들은 대단할 것 없고, 그렇기에 굳이 말 되어지지 않지만, 누구나 이 대단할 것 없는, 그래서 더욱 비밀스럽기도 한 마음 때문에 떨 듯이 기뻐하기도 하고 무너지기도 하면서 산다. 누군가가 지은 노래를 조용히 따라 부를 때, 나는 항상 모두가 그렇다는 사실을 확인한다.

13. 펴 놓은 책

Open Book
2002

작사: 타히티 80(Tahiti 80)
번역과 글: 최진규

        You feel you have nothing to hide
        it's dazzling like a star,
        yet there is something inside
        beautiful and dangerous like a rose
        something telling you,
        you shouldn't get too close

        Don't try, because
        You may burn your wings and crash to the ground
        it makes you wish you were lost and never found
        but you feel your face is blushing now

Looking back,
it's always the same vicious circle
you fall in love like you'd fall from a bicycle
and everybody's walking in slow motion
you don't, you can't control your reaction

You should try, because
You may burn your wings and crash to the ground
it makes you wish you were lost and never found
but you feel your face is blushing now

Your eyes are like an open book
one can tell everything from the way you look
Your eyes are like an open book
one can tell everything from the way you look
the way you look
the way you look

        You may burn your wings and crash to the ground
        it makes you wish you were lost and never found

        Cause your eyes are like an open book
        one can tell everything from the way you look

        You're an open book

당신은 숨길 것이 없다고 느끼는군요
별처럼 눈부셔요
하지만 그 안에는 장미처럼
아름답고 위험한 무언가가 있어
당신에게 말해요,
너무 가까이 가지는 말라고

하지 말라고, 왜냐하면
날개를 태우고 땅에 추락할지도 모르니까
그럼 당신은 길을 잃고 다시는 찾지 못하게 될지도
하지만 당신은 지금 얼굴이 붉어지는 걸 느끼니까

뒤돌아보면,
항상 똑같은 악순환의 반복
자전거를 타다 넘어지듯이 사랑에 빠지고
세상 사람 모두 슬로우모션으로 걷고
당신 반응은 전혀 통제할 수 없어져

해야 한다고, 왜냐하면
날개를 태우고 땅에 추락할지도 모르니까
그럼 당신은 길을 잃고 다시는 찾지 못하게 될지도
하지만 당신은 지금 얼굴이 붉어지는 걸 느끼니까

당신의 눈은 펼친 책 같아요
당신 얼굴을 보면 전부 알 수 있어요
당신의 눈은 펼친 책 같아요
당신 얼굴을 보면 전부 알 수 있어요
당신이 보이는 모습

당신이 보이는 모습

날개를 태우고 땅에 추락할지도 모르죠
당신은 길을 잃고 다시는 찾지 못하게 될지도

당신 눈은 펼친 책 같아서
당신 얼굴을 보면 전부 알 수 있죠

당신은 숨기는 게 없어요

'오픈 북(open book)'이라는 말을 사전에서 찾으면 다음 풀이들이 나온다.

1. 펴놓은 책
2. 일목요연한 것, 명백한 사항
3. 비밀이 없는 사람

이 중 세 번째 의미가 눈에 띈다. 즉, 오픈 북이라는 말에는 비밀이 없는 사람이라는 뜻이 포함돼 있다는 사실. 그래서 이를테면 "I'm an open book."이라고 하면 "나는 숨기는 거 없어." 혹은 "나는 비밀이 없는 사람이야." 같은 의미인 것이다. 그런데 새삼 궁금해진다. 펴놓은 책은 정말 숨기는 게 없을까. 책이 닫혀있지 않고 펼쳐져 있다는 것은, 과연 책이 모든 것을 다 말한다는 보증일까. 그런데 경험을 돌이켜보면 오히려 반대인 경우가 흔하지 않은가. 모든 것이 단어로서 눈앞에 드러나있고, 책이 (말 그대로) 전적으로 눈앞에 열려있다고 해도, 모든 걸 볼 수 있지만 아무것도 이해할 수 없는 경우도 흔하지 않은가.

내게는 아주 오랫동안 그와 같이 펼쳐져 있으나 이해되지 않는 책이 있었다. 인류학자이자 철학자 브뤼노 라투르(Bruno Latour)의 책들이다. 라투르는 그의 주요 저작들을 통해 '비환원의 원리'부터 '행위자-연결망 이론'과 '존재양식' 등의 개념을 제시한다. 나는 라투르의 논의들에 무척 큰 흥미와 관심이 있는데 그럼에도 한 번도 속 시원하게 이해되는 느낌이 든 적이 없었다. 그러다 며칠 전 아침, 드디어 행위자-연결망 이론이 이해되는 듯한 기분을 가졌던 사건이 있었다.

그날 아침엔 멀리 산책을 나선 참이었는데 갑자기 비가
엄청나게 쏟아졌다. 그날따라 비에 젖는 게 불쾌하지
않고 오히려 기분이 좋았다. 옷과 신발은 어차피 홀딱
젖었고, 더 젖어도 하는 수 없었다. 문제는 머리가
축축하게 젖는 건데 나는 빡빡머리라서 젖을 머리도
없고… 해서 아주 맘 편하게 비를 맞았다. 간만에 그렇게
비를 맞으니 신나는 기분이 들었다.

산책길에서 늘 만나는 하얀 개가 있다. 그 개는 보통
목줄을 한 채로 집 대문 철창 안쪽에서 지낸다. 그리고
내가 집앞을 지나갈 때마다 동네가 떠나가도록
크게 짖는다. 내가 다가오는 낌새만 느껴도 갑자기
사나워져서는 철창에 몸을 쿵 부딪치며 나를 위협하기도
한다. 어떤 때는 철창 건너에서 이를 드러내며
금방이라도 튀어나와 나를 물 것처럼 으르렁거린다.

그날은 웬일로 개가 대문 바깥쪽에 있었다. 목줄을
했지만 평소처럼 대문 안쪽이 아니라 밖에 나와있었다.
아마도 대문 밖으로 내보내진 거겠지. 그런데 놀랍게도,
평소 사납기 그지없던 하얀 개가 그날따라 나를 보고
한 번도 짖지 않았다. 표정도 평소처럼 사나운 표정이
아니었다. 처음 보는 순한 표정이었다.

그 순간 직감적으로 드는 생각은 '이건 대문
때문이다'였다. 언젠가 티브이에서 그런 방송을 본 적이
있다. 작은 치와와가 방송의 주인공이었는데, 그는
반려인 품에 안겨 있을 때는 세상에 무서울 게 하나
없다는 듯 눈에 띄는 모든 타인을 향해 이를 드러내며

사납게 짖는다. 그런데 반려인이 자기만 두고 사라지면, 갑자기 소심한 모습을 보이며 짖기는커녕 숨기 바빠진다. 이 일이 바로 떠올랐다. 하얀 개의 경우, 대문이 자신과 타인 사이를 가로막아줄 때는 세상 두려울 게 없다가, 대문이 없어지니까 별안간 소심한 마음이 든 것 아닐까.

그리고 보면 대문이라는 존재는 분명 이 상황 안에서 행위를 하고 있는 것이다. '대문'이 '나'와 '하얀 개' 사이를 관계 짓는 작용을 한다는 점도 드러난다. 그렇게 상황을 파악하고 보니 비로소 행위자-연결망 이론이 이해되는 것만 같았다. 드디어 행위자-연결망의 실체를 경험한 것이 아닌가 싶어 짜릿했다.

그런데 한편으로는 여전히 내 안에 미심쩍은 느낌이 남아 있다. 하얀 개와 나 사이의 일을 또 다르게 볼 수도 있지 않을까. 우리는 그날 똑같이 비에 젖은 덕분에 난데없이 서로를 똑같이 느낀 것은 아닐까. 그래서 서로에게 맘을 놓을 수 있었던 것은 아닐까. 이유는 모르겠다. 이유는 모르지만, 적대감도 경계심도 없이 서로 마주한 순간의 기분은 참 소중했다.

결국 내가 하고 싶은 말은 이것이다. 오픈 북은 펼쳐져 있을 뿐, 비밀이 없는 것은 아니다.

14. 당신 한 짝

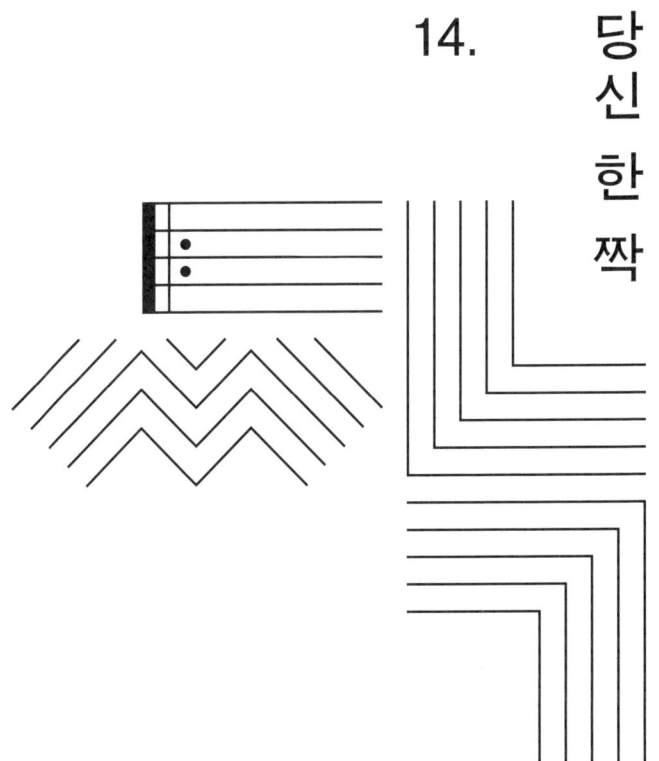

Case of You
1971

작사: 조니 미첼(Joni Mitchell)
번역과 글: 김영글

Just before our love got lost you said,
"I am as constant as a northern star"
And I said, constanty in the darkness
"Where's that at?
If you want me I'll be in the bar"

On the back of a cartoon coaster
In the blue tv screen light
I drew a map of canada
Oh, canada
with your face sketched on it twice

Oh, you are in my blood like holy wine
You taste so bitter
And so sweet
Oh, I could drink a case of you, darling
And I would still be on my feet
Oh, I would still be on my feet

Oh, I am a lonely painter
I live in a box of paints
I'm frightened by the devil
And I'm drawn to those ones that ain't afraid
I remember that time that you told me
You said, "Love is touching souls"
Surely you touched mine
'Cause part of you pours out of me
In these lines from time to time

Oh, you are in my blood like holy wine
And you taste so bitter
And so sweet
I could drink a case of you, darling
Still I'd be on my feet
I would still on my feet

I met a woman
She had a mouth like yours
She knew your life
She knew your devils and your deeds
And she said, "Go to him
Stay with him if you can
But be prepared to bleed"

Oh, but you are in my blood
You're my holy wine
You're so bitter
Bitter and so sweet
Oh, I could drink a case of you, darling
Still I'd be on my feet
I would still be on my feet

우리의 사랑이 길을 잃기 전에
당신은 말했지 북극성처럼
언제까지나 변치 않을 거라고
변치 않는 어둠 속에서 난 물었지
북극성이 어딘데? 날 보려면 술집으로 와

텔레비전 화면의 푸르스름한 불빛 아래
만화가 인쇄된 컵받침을 뒤집어
지도를 그렸어 고향의 지도를
그리고 그 위에 두 번이나 그렸지
오지 않는 당신의 얼굴을

성스러운 포도주처럼 당신은 내 피 속에 흘러
너무도 쓰고 너무도 달콤해
내 사랑, 당신을 난
한 짝이라도 마실 수 있어
그러고도 내 힘으로 서 있을 거야
넘어지지 않고 서 있을 거야

나는 외로운 화가처럼
닫힌 물감 상자 속에 살지
악마가 두려워서 난
두려움을 모르는 이에게 끌려
언젠가 당신이 말했지
사랑은 영혼을 건드리는 거라고
그래, 분명 당신은 내 영혼을 건드렸어
이렇게 노래를 쓸 때면
당신의 일부가 내게서 흘러나오거든

성스러운 포도주처럼 당신은 내 피 속에 흘러
너무도 쓰고 너무도 달콤해
내 사랑, 당신을 난
한 짝이라도 마실 수 있어
그러고도 내 힘으로 서있을 거야
멀쩡히 버티고 서있을 거야

당신과 입이 닮은 여자를 만났어
당신의 인생을 알고
당신의 행실을 아는 여자
그녀는 말했지
당신 곁에 있어주라고
대신 피 흘릴 각오를 하라고

하지만 당신은 이미 내 피 속에 있잖아
잔인하고 다정한 당신
너무도 쓰고
너무도 달콤해
내 사랑, 당신을 난
한 짝이라도 마실 수 있어
그러고도 내 힘으로 서있을 거야
꿋꿋이 서있을 거야

20대를 통과하는 동안 영화 〈이터널 선샤인 온 더 스포트리스 마인드(Eternal Sunshine on the Spotless Mind)〉를 몇 번이나 봤다. 영상 저작권에 대한 관념이 희미하던 시절이라 불법 다운로드 받은 파일로 봤는데, 딸린 자막이 매번 조금씩 다르곤 했다.

운명처럼 서로에게 이끌려 사랑을 시작한 연인 조엘과 클레멘타인은 어느덧 이별을 맞이하고, 조엘은 이별의 아픔에서 벗어나기 위해 기억을 지우는 시술을 받는다. 카메라는 기억이 조금씩 지워져 가는 연인의 머릿속을 헤집고 다닌다. 영화에는 아름다운 장면이 많다. 파도치는 겨울 바다에 덩그러니 놓인 침대, 또는 어두운 밤 얼어붙은 호수 위에 나란히 누운 연인의 모습. 하지만 내가 가장 좋아했던 건 다른 장면인데, 전적으로 자막 때문이다.

조엘의 추억 속에 저장된 어느 바닷가. 한낮의 해변은 모서리에서부터 조금씩 허물어져 간다. 클레멘타인이 조엘에게 묻는다.

> "It's gonna be gone soon. What do we do?"

자막은 이렇게 번역한다.

> "기억이 곧 다 사라질 거야. 우리 어떻게 해?"

그러자 조엘이 쓸쓸한 미소를 띤 얼굴로 대답한다.

> "Enjoy it."

대부분의 자막 파일은 이 문장을 "이 순간을 즐겨."라고
번역했다. (현재 서비스 중인 OTT에 업로드된 파일도
마찬가지다.) 그런데 내가 어느 날 다운로드 받은 파일의
자막에는 이렇게 번역되어 있었다.

  "음미하자."

순간 머리를 딩 하고 울린 종소리가 지금도 생생하다.
나는 한동안 "음미하자."에서 빠져나오지 못하고 그
대사를, 엄밀히 말하자면 그 번역문을 곱씹었다. 조엘의
내면에 축조된 기억의 집은 빠른 속도로 무너지고 있다.
아팠던 순간도 행복했던 순간도 함께 사라지고 있다.
기억을 골라 지울 수는 없는 법이니까. 그런데 사실
이건 비현실적인 영화에서만 일어나는 이야기가 아니다.
기억이란 원래 그런 것 아니던가? 희미해지고, 언젠가는
소멸하는 것. 좋은 것과 나쁜 것의 구분 없이 공정하게
시간의 비질을 받는 것. 그 앞에서 할 수 있는 일은 많지
않다. 나는 "음미하자."라는 말에 담긴 태도, 남아 있는
현재를 소중히 대하는 마음, 청유형 문장으로만 표현할
수 있는 뉘앙스의 섬세함에 탄복했다. 번역이 그토록
유연한 것일 수 있다는 사실이 좋았다.

메리 올리버(Mary Oliver)의 시 「기러기(Wild
Geese)」를 읽었을 때도 그랬다. 이 시는 김연수
소설가의 번역이 다른 번역본들과 비교할 수 없이
좋은데, 딱 한 단어, "그러면" 때문이다.

「기러기」[1]

착해지지 않아도 돼.

무릎으로 기어다니지 않아도 돼.

사막 건너 백 마일, 후회 따윈 없어.

몸속에 사는 부드러운 동물,

사랑하는 것을 그냥 사랑하게 내버려 두면 돼.

절망을 말해 보렴, 너의. 그럼 나의 절망을 말할 테니.

그러면 세계는 굴러가는 거야.

그러면 태양과 비의 맑은 자갈들은

풍경을 가로질러 움직이는 거야.

대초원들과 깊은 숲들,

산들과 강들 너머까지.

그러면 기러기들, 맑고 푸른 공기 드높이,

다시 집으로 날아가는 거야.

네가 누구든, 얼마나 외롭든.

너는 상상하는 대로 세계를 볼 수 있어.

기러기들, 너를 소리쳐 부르잖아,

꽥꽥거리며 달뜬 목소리로

네가 있어야 할 곳은 이 세상 모든 것들

그 한가운데라고.

"그러면"이 등장하는 부분은 원문에서 "meanwhile"이다. 다른 책을 보면 어떤 번역자는 "그러는 사이에도"로, 또 다른 번역자는 "그러는 동안"으로 옮겼다. 문법적으로는

---

1. 「기러기」 전문. 소설 『네가 누구든 얼마나 외롭든』(김연수, 문학동네, 2012)에 수록된 번역. 강조 표시는 돛과닻 편집자.

이 두 쪽이 더 정확한 번역이겠지만 그렇게 번역된
문장으로 읽을 때는 어쩐지 이 시의 따뜻한 힘이
약해지는 것만 같다. 김연수 소설가는 "그러면"이라고
쓰면서 의도적으로 인과관계를 왜곡했다. 그런 무해한
거짓말 속에 아주 작고 중요한 진실이 깃들어 있다는
생각이, 이 시를 읽을 때마다 들곤 했다.

딴청을 피우듯이 다른 이야기를 실컷 했다. 이제는 조니
미첼(Joni Mitchell) 이야기를 할 차례다. 1971년에
발매된 그녀의 네 번째 앨범 『블루(Blue)』는 아마도 내가
태어나서 지금까지 가장 많이 반복해서 들은 음반일
것이고, 그중에서도 「당신 한 짝(Case of You)」은
세상에서 가장 좋아하는 노래라고 말해도 좋을 것이다.
나는 이따금 이 노래의 가사를 새로 번역해 보곤 한다.
이유는 잘 모르겠다. 영원히 부칠 수 없게 된 연애편지를
자다 깨서 고쳐 쓰는 사람처럼, 어디에 사용할 것도
아니면서 목적 없이 그러곤 했다. 번역할 때마다
단어들이 조금씩 바뀌었다. "You"를 당신이라고 썼다가,
너라고 썼다가, 그대라고도 썼다. 무엇보다도 갈등하게
되는 것은 "Case"를 어떻게 번역할까 하는 점이었다.

이 노래의 화자는 조금 기울어진 사랑을 하고 있다. 나는
화자의 마음이 되어본다. 북극성처럼 한결같은 사람이라
자처하던 당신은 더 이상 나를 찾지 않는다. 오지 않는
그를 기다리며 나는 무슨 술을 마시려나? 소주여도 좋고,
이튿날 끔찍한 숙취를 불러올 레드와인이어도 좋고,
훨씬 더 독한 술이어도 좋다. 나쁜 새끼랑 연애하느라
영혼이고 세상이고 다 무너지는데 손에 쥔 술잔이

한가하게 칵테일 잔일 수는 없지 않은가. 나의 사랑은 강하고도 담대하여 당신이라는 술을 얼마든지 마실 수 있다고 큰소리칠 적에, 당신은 대체 어디에 담긴 술이려나? 그 술을 나는 밤새 얼마나 퍼마시려나? 당신 한 박스. 당신 한 상자. 당신 한 짝. 그러다가 생각이 '궤짝'에 다다랐다. 무릎을 쳤다. 이 화자는 애초에 쿨하기는 글렀으니, 처연하고, 우울하고, 어딘가 쿰쿰한 냄새마저 풍기는 단어, 당신 한 궤짝. 이보다 더 핍진할 수는 없도다.

그러나 국어사전을 찾아보고 한발 물러섰다. 궤짝은 궤를 속되게 이르는 말인데, 궤는 쌀이나 돈 따위를 담는 작은 통이니 술이 그득히 담길 상자와는 거리가 있는 표현이었던 것이다. 그리하여 "당신 한 짝"으로 잠정적 타협을 보았다.

솔직히 말하자면, 한때 나는 이 노래를 좋아하는 나 자신을 조금 창피하게 여겼다. 내 안에서 이성을 관장하는 부분은 연인을 한 짝이라도 들이마시겠다는 여성상에 감정이입 하는 것에 격하게 반대했다. 비록 나의 내면에 실제로 그런 여성이 하나쯤 숨어있다 하더라도 말이다. 그러나 나이가 들면서 이해하게 되었다. 이 노래가 힘주어 전하려는 이야기는 대상에게 맹목적으로 취하겠다는 부분이 아니라는 것을. 그다음 구절, 그러고도 멀쩡히 내 힘으로 서있겠다는 부분이라는 것을 말이다. 정직하고 용기 있는 사랑은 결코 사랑하는 자의 존엄을 해치지 않는다. 아, 나의 젊은 시절은 조니 미첼의 노래에 얼마나 많은 빚을 졌던가.

조니 미첼은 어느덧 여든 넘은 할머니가 되었다. 병환이 깊다는 얘기를 들었다. 일면식도 없는 먼 나라의 타인이지만, 언젠가 훗날 인터넷 화면 한구석에서 그녀가 이승을 떠났다는 기사를 읽게 되면 나는 아마도 많이 울 것이다. 하지만 그날이 오기 전까지, 아니 그날이 오더라도, 씩씩해지려고 노력할 것이다. 노쇠와 병환, 불안과 절망, 이별과 죽음도 삶의 일부라는 것을, 삶의 이면에 드리운 그림자가 아무리 어둡다 해도 끝내 우리 자신의 것임을 그녀의 노래들은 가르쳐 주었으니.

15.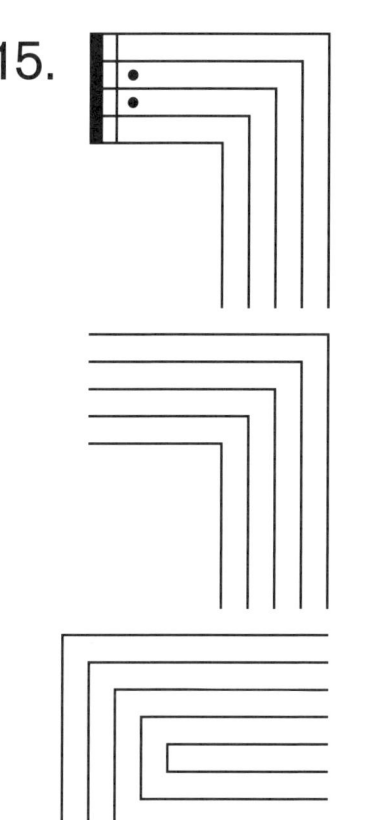

굳은 공기

Solid Air
1973

작사: 존 마틴(John Martyn)
번역과 글: 이민휘

You've been taking your time
And you've been living on solid air
You've been walking the line
You've been living on solid air

Don't know what's going 'round inside
And I can tell you that it's hard to hide
When you're living on solid air

And you've been painting the blues
And you've been looking through solid air
You've been seeing it through
And you've been looking through solid air

Don't know what's going 'round in your mind
And I can tell you don't like what you find
When you're moving through solid air, solid air

I know you, I love you
And I can be your friend
I can follow you anywhere
Even through solid air

Ice blue solid air
Nice blue solid air

넌 너의 시간을 보내왔지
그리고 넌 굳은 공기 위에 살아왔어
넌 경계에서 걸어왔고
넌 굳은 공기 위에서 살아왔지

그 안에서 무슨 일이 벌어지고 있었는지는 모르겠어
그렇지만 숨기기는 어려웠겠지
네가 굳은 공기 안에 있을 때

넌 슬픔을 그려왔고
굳은 공기를 통해 보아왔지
넌 꿰뚫어 보았어
넌 굳은 공기를 통해 보았어

네 안에 무슨 일이 벌어지고 있었는지는 모르겠어
그리고 난 알 수 있어
네가 찾은 것이 마음에 들지 않는다는 걸
네가 단단한, 굳은 공기를 통해 움직일 때

난 널 알아, 난 너를 사랑해
난 너의 친구가 될 수 있고
너를 따라 어디든 갈 수 있어
굳은 공기가 있을지라도

차갑고 파란, 굳은 공기
근사한, 파랗고 굳은 공기

아무리 친한 친구라도 그에게 무슨 일이 벌어지고 있는지, 그의 마음이 지금 어디쯤을 지나고 있는지는 참으로 알기 어려운 일이다. 그러나 가끔 정확히 알 수 없다는 사실을 앎에도 물어보고 싶을 때가 있는데, 그때 드는 마음이 아마 우정의 마음일 것이다. 노래를 부르는 행위는 평소에 생각하고 있지만 차마 입 밖으로 꺼내기 어려운 이야기를 발화할 수 있게끔 하는 용기와 닿아있다. 그것이 세상에 사랑과 우정에 대한 노래가 그토록 많은 까닭일까.

존 마틴(John Martyn)의 「굳은 공기(Solid Air)」라는 곡의 수신인은 약물 과다복용으로 죽은 그의 친구 닉 드레이크(Nick Drake)이다. 보이지 않는 음악이 "굳은 공기가 있을지라도 너를 따라 어디든 갈 수 있다"는 애정 어린 고백을 싣고 흐를 때, 노래야말로 살아서도, 죽어서도 묻기 어려운 안부를 묻기에 참 적절한 수단이 아닐까 하는 생각이 든다. 이 노래에는 친구에 대한 원망과 사랑이 복잡하게 얽혀있다. 수없이 삼키고 지우고 숨겼을 말들이 계속되는 굳은 공기 속에서 들린다. 쓰기 어려운 편지는 불친절하게 펼쳐놓아도 목소리를 타고 청자의 마음에 가닿는다.

따지고 보면 내가 지금껏 써왔던 가사들도 모두 특정 수신인을 상정하고 있다. 모든 가사가 다 서간문이었던 셈이다. 때때로 나는 왜 그랬냐고 오랜 시간이 흐른 후 따져 묻기도 했고 누군가에게 사랑하는 사람을 소개하기도, 죽은 이들에게 안녕을 기원하고 우리를 호명하며 수신인을 찾기도 했다. 그리고 여태껏 어떤 곡들은 내가 품고 있는 화가 쓰게 했다고 생각해왔다. 그러나 지금 이 글을 쓰면서 드는 생각은, 종이 위의 편지까지는 가능할지 몰라도, 그 어떤 노래도 화만 가지고는 짓고 부를 수 없다는 것이다. 노래를 짓고 숨을 담아 부르는 일은 그것이 스스로 알기 힘들 만큼 작은 마음일지라도, 수신인을 사랑하는 마음 없이는 불가능하다.

16. 기분 좋아

Feeling Good
1964

작사: 안소니 뉴리와 레슬리 브리커스
(Anthony Newley & Leslie Bricusse)
번역과 글: 최진규

Birds flying high, you know how I feel
Sun in the sky, you know how I feel
Breeze driftin' on by, you know how I feel
It's a new dawn
It's a new day
It's a new life for me, yeah
It's a new dawn
It's a new day
It's a new life for me, ooh
And I'm feeling good

Fish in the sea, you know how I feel
River running free, you know how I feel
Blossom on the tree, you know how I feel
It's a new dawn
It's a new day
It's a new life for me
And I'm feeling good

Dragonfly out in the sun you know
what I mean, don't you know?
Butterflies all havin' fun, you know what I mean
Sleep in peace when day is done, that's what I mean
And this old world, is a new world
And a bold world for me, yeah-yeah
Stars when you shine, you know how I feel
Scent of the pine, you know how I feel
Oh, freedom is mine
And I know how I feel
It's a new dawn
It's a new day
It's a new life for me
I'm feeling good

새들이 높이 날아가, 너는 내 기분 알지
태양이 하늘에 떠 있어, 너는 내 기분 알지
산들바람이 옆으로 지나가, 너는 내 기분 알지
새로운 새벽이야
새로운 하루야
날 위한 새로운 삶이야, 그래
새로운 새벽이야
새로운 하루야
날 위한 새로운 삶이야, 오오
나는 기분 좋아

물고기는 바다를 헤엄쳐, 너는 내 기분 알지
강은 자유롭게 흘러, 너는 내 기분 알지
꽃은 나무에서 피어, 너는 내 기분 알지
새로운 새벽이야
새로운 하루야
날 위한 새로운 삶이야

잠자리가 햇볕 아래에서 돌아다녀,
무슨 말인지 알겠지, 모르겠어?
나비들은 다들 즐거워해, 무슨 말인지 알겠지
하루를 마치고 평화롭게 잠드는 거 있잖아, 그거 말이야
이 오랜 세상은 새로운 세상이야
내게 선명한 세상, 그래그래
별이 널 비출 때, 너는 내 기분 알지
소나무의 향이 퍼져, 너는 내 기분 알지
오, 자유는 내 것이야
너는 내 기분 알지

새로운 새벽이야
새로운 하루야
날 위한 새로운 삶이야, 오오
나는 기분 좋아

인류학자 애나 칭(Anna Tsing)의 『세계 끝의 버섯』에는 17세기 일본 시인 마쓰오 바쇼(松尾芭蕉)의 하이쿠 한 편이 나온다.

  まつ茸や しらぬ木の葉のへばりつく.

애나 칭은 이 하이쿠의 번역문 하나를 함께 소개한다.

  송이버섯, 그리고 그것에 붙어 있는
  알려지지 않은 어떤 나무 이파리.

또한 재밌는 사실을 알려준다. 작곡가 존 케이지(John Cage)가 이 번역을 못마땅해했다는 사실. 케이지는 위의 번역이 '마주침의 불확정성'을 충분히 명확하게 보여주지 못한다고 여겼다. 결국 그는 직접 나서서 다음처럼 하이쿠를 번역한다.

  알려지지 않은 것이 버섯과 잎을 결합시킨다.

하지만 곧 이 번역도 너무 장황하다고 생각했다. 마침내 그는 다음과 같이 하이쿠를 옮긴다.

  무슨 잎인가? 무슨 버섯인가?

불확정성. 케이지는 왜 불확정성을 강조하고 싶었을까. 그리고 애나 칭은 무엇을 말하고 싶은 걸까. 이 일화를 소개하기에 앞서 애나 칭이 케이지에 대해 언급하는 부분이 있다.

케이지는 야생버섯을 찾기 위해서는 특정한 종류의 관심이 필요하다고 보았다. 그것은 마주칠 때 발생하는 모든 가능성과 놀라움을 포함해 마주침이 일어나는 지금 여기(here and now)에 관심을 두는 것이다. 케이지의 음악은 대부분 이렇게 '항상 다른' 지금 여기에 관한 것이었는데, 그는 이것을 고전음악에서 나타나는 지속적인 '같음(sameness)'과 대조했다. 그래서 그는 청중이 작곡된 음악만큼이나 주변의 소리도 들을 수 있도록 작곡했다.[1]

케이지에게 불확정성이란 '항상 다른 지금 여기'와 같은 차원이 아니었을까. 한편 그가 반대하는 차원도 알 수 있다. 그는 '지속적인 같음'에는 반대하고 있다. 둘은 어떻게 다른 걸까. '항상 다른 지금 여기'와 '지속적인 같음'은 서로 어떻게 다른 걸까. 그리고 이에 대한 인식 차이가 만들어 낸 변화, 즉 바쇼의 하이쿠를 "송이버섯에 붙은 알 수 없는 이파리"라는 번역 대신 "무슨 잎인가? 무슨 버섯인가?"로 옮기게 만든 변화의 의미는 무엇일까.

나는 이 차이의 의미를 잘 이해할 수 없었다. 그럼에도 늘 흥미롭다고 생각했다. 케이지는 불확정성은 잘못된 상황이 아니라 오히려 온전한 상황이고 경이로운 현재가 이어지는 상황임을 말하려 한다. 우리는 그 점을 어렴풋이 느낄 수 있다. 이를테면, 현재를 항상 다른 지금 여기로 인식하는 것은 삶의 과정을 활짝 열어놓는 것이다. 현재를 지속적인 같음으로 인식하는 것은

---

1. 『세계 끝의 버섯』, 애나 칭, 노고운 옮김, 현실문화, 2023, 95쪽.

어쩌면 삶의 과정을 동일성으로 회수하며 닫아버리는
것이다. 그런 까닭에 케이지에게 "송이버섯에 붙은 알
수 없는 이파리"라는 번역은 닫힌 느낌 아니었을까.
현재가 열려있다는 진실, 그 경이로움까지 담으려면
"무슨 잎인가? 무슨 버섯인가?"라고 써야 한다고
생각하지 않았을까.

이 대조의 내용을 내 나름으로는 이렇게 표현할 수도
있을 것 같다. 같음의 다름인가, 다름의 같음인가.
전자가 닫힘이고, 후자가 열림이다. 동일성이 반복되는
것이 닫힘이고, 분화가 연속되는 것이 열림이다. "버섯에
이파리가 붙었네…."가 닫힘이고, "이게 뭔 이파리야?
이게 뭔 버섯이야?"가 열림이다.

『세계 끝의 버섯』을 읽은 시점은 2023년 여름.
시간이 1년 가까이 지났는데 최근 저 내용이 불쑥
떠오른 것은 얼마 전 본 영화 〈퍼펙트 데이즈(Perfect
Days)〉 때문이다. 영화 엔딩 크레딧 맨 마지막에
짤막한 영상 하나가 있었다. 그 영상에서는
'코모레비(木漏れ日)'라는 단어를 알려준다. 이 말은
'흔들리는 나뭇잎 사이로 일렁이는 햇살'을 가리킨다.
따라서 '다시는 오지 않을 지금 이 순간'을 은유하기도
한다. 우리말에서 닮은 표현을 찾자면 '볕뉘' 같은.

영화는 꼭 한 장 한 장 책의 페이지가 넘어가듯 지금에서
다음으로 건너가며 같은 듯 다르게 시작하는 하루하루를
보여준다. 같으면서 조금씩 다른 꿈들이, 같으면서
조금씩 다른 나날을 이어붙여주는 느낌이 들었다.

주인공 히라야마의 삶은 어떤 결심도 없이 살아가는 모습이기도 하고 동시에 늘 꾸준한 결심 속에서 살아가는 모습으로도 보였다.

영화의 마지막에 히라야마가 모는 봉고차 안에서 니나 시몬(Nina Simone)의 「기분 좋아(Feeling Good)」가 울려퍼진다. 관객들은 울음과 웃음이 복잡하게 교차하는 히라야마의 미묘한 표정 변화를 바라보며 「기분 좋아」를 듣게 된다. 무척 이상한 기분이었다. 정말 많이 들었던 노래임에도, 그 가사가 이토록 강렬하게 들린 것은 그때가 처음이었다.

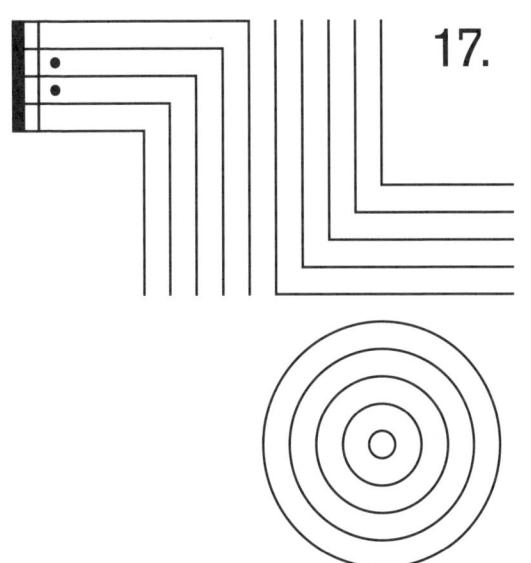

17. 강을 찾아서

Find the River
1992

작사: 마이클 스타이프(Michael Stipe)
번역과 글: 이재민

Hey now, little speedyhead
The read on the speed-meter says
You have to go to task in the city
Where people drown and people serve
Don't be shy, you're just dessert
Is only just light years to go

Me, my thoughts are flower strewn
With ocean storm, bayberry moon
I have got to leave to find my way
Watch the road and memorize
This life that passed before my eyes
And nothing is going my way

The ocean is the river's goal
A need to leave the water knows
We're closer now
Than light years to go

I have got to find the river
Bergamot and vetiver
Run through my head and fall away
Leave the road and memorize
This life that passed before my eyes
And nothing is going my way

There's no one left to take the lead
But I tell you and you can see
We're closer now
Than light years to go
Pick up here and chase the ride
The river empties to the tide
Fall into the ocean

The river to the ocean goes
A fortune for the undertow
None of this is going my way
There is nothing left to throw
Of Ginger, lemon, indigo
Coriander stem and rose of hay

Strength and courage overrides
The privileged and weary eyes
Of river poet search naiveté
Pick up here and chase the ride
The river empties to the tide
All of this is coming your way

이보게, 속도 위반자 친구
속도계를 좀 보라구
사람들이 가라앉고, 또 남을 접대하는 이 도시에서
아직 자네가 할 일이 남아있다지 않나
부끄러워 말고 달게 받아들이게[1]
그냥 몇 광년만 더 가면 된다네

나와 내 생각은 바다 폭풍 위에 흩뿌린 꽃잎과
월계수 열매 빛깔을 닮은 달과 같아
내 길을 찾으러 떠나겠네
길을 보고 그냥 외워
눈앞을 흘러간 삶
내 뜻대로만 흘러가지는 않았다네

바다는 강의 목적지
강물은 떠나야 할 이유를 알고 있지
우린 이제 몇 광년 더 가까워졌다네

강을,
베르가모트, 베티베르풀이
내 머릿속을 휩쓸고 떨어지는 강을 찾아야 한다네
길을 떠나 그냥 외워
눈앞을 흘러간 삶
내 뜻대로만 흘러가지는 않았다네

---

1. 'just deserts'는 마땅한 형벌이나 보상을 의미하는 관용적 표현이다. 그러나 가사에는 'desert(사막)'가 아닌 'dessert(디저트)'로 표기되어 있다. 의도적으로 's'를 하나 더 적어 넣은 것인지, 아니면 단순한 착각인지는 알 수 없다. 다만 디저트의 속성을 생각하며 '달게 벌을 받다' 정도로 의역했다.

더 이상 이끌어줄 이 없어도
내가 말했잖아, 자네도 눈치챘겠지만
우린 이전보다 몇 광년 더 가까워졌어
여기서부터 출발해
물결에 쓸려
바닷속으로 사라지는 강물을 쫓게나

강물은 바다로 향하고
물살의 요행을 바라지만
그 무엇도 뜻대로만 흘러가지는 않는다네
생강, 레몬, 쪽잎[2],
고수 줄기, 건초 장미,
더 이상 버릴 게 남아있지 않다네

힘과 용기가 먼저라네
순진함이나 쫓는 강가 시인의
은밀하고 지친 표정보다도
물결에 쓸려
바닷속으로 사라지는 강물을 쫓게나
모든 게 자네 뜻대로 흘러갈지니

---

2. 맥락상 전후에 놓인 단어들이 모두 식물과 관련 있으므로, 'indigo'도 색상이 아니라 인디고페라 틴토리아, 혹은 트루 인디고라 불리는 식물종을 지칭하는 것 같다. 인디고페라라는 단어가 생소한 데다, 일반적으로 인디고 색상을 '쪽빛'이라 부르는 것에 착안해서 '쪽잎'으로 의역했다.

미국의 록 밴드 R.E.M.은 2011년에 해산했다. 당시에는 꽤 아쉽다 생각했지만, 15개의 스튜디오 앨범과 5개의 라이브 앨범을 발표했으니 그 정도면 할 만큼 했다 싶기도 하다. 대학생 때 많이 좋아하던 밴드였고 사회 초년생 시절에도 여전했다.『속삭임(Murmur)』(1983)이나 『결산(Reckoning)』(1984),『재건의 우화(Fables of the Reconstruction)』(1985)와 같은 활동 초기의 음악을 이해하기에 그 시절의 나는 너무 어렸고, 실질적으로 즐겼던 앨범은『그린(Green)』(1988) 정도부터다.『오토매틱 포 더 피플(Automatic for the People)』(1992)부터『공개(Reveal)』(2001)에 이르는 십 년 정도가 내가 가장 집중했던 구간이다. 앨범이 발매된 연도를 기준으로 돌이켜보자면 내가 중학교에 다니던 시절부터 두 번째 직장에 갓 입사했을 무렵까지다. 아직 20대였고, 혼란스러웠고, 지금보다 날씬했고, 부모님과 함께 살고 있었고, 가장 친하게 어울리는 친구를 이즈음에 처음 만났으며, 나와 함께 사는 고양이들이 세상에 태어나기까지 10년 이상을 더 기다려야 하는 시절이었다.

「강을 찾아서(Find the River)」는 R.E.M.의 여덟 번째 앨범인『오토매틱 포 더 피플(Automatic for the People)』에서 여운을 남기는 마지막 트랙이자 싱글 커트 된 여섯 개 중 마지막 곡이다. 'speedyhead'와 'speed-meter says', 'strewn'과 'storm', 'the river'와 'vetiver', 'road and memorize'와 'before my eyes', 'the ride'와 'the tide', 'overrides'와 'weary eyes' 등과 같이 라임에 맞춰 세심하게 선택한 단어로 쓰인 가사와 리드 싱어 마이클 스타이프(Michael Stipe)의 중얼거리듯

읊조리는 특유의 창법이 매력적이다. 이들의 다른 곡들과 마찬가지로 쉽게 이해할 수 없는 모호하고 상징적인 표현이 많아 의도를 정확하게 파악할 수는 없지만 삶과 예술, 죽음과 계승 등을 표현했다고 여겨진다. 나이 든 사람이 어린 사람에게 차분히 얘기하는 듯한 인상을 받아 '하게체'로 번역하고, 그 뒤에 숨은 의미를 나름대로 유추해 보았다.

이보게, 속도 위반자 친구
속도계를 좀 보라구
사람들이 가라앉고, 또 남을 접대하는 이 도시에서
아직 자네가 할 일이 남아있다지 않나
부끄러워 말고 달게 받아들이게
그냥 몇 광년만 더 가면 된다네
　↙　치기 어린 젊은이여
　　　이제 거친 세상 밖으로 나올 때라네
　　　자네에겐 아직 쇠털같이 많은 시간이 남아있으니
　　　고난도 감내하게나

나와 내 생각은 바다 폭풍 위에 흩뿌린 꽃잎과
월계수 열매 빛깔을 닮은 달과 같아
내 길을 찾으러 떠나겠네
길을 보고 그냥 외워
눈앞을 흘러간 삶
내 뜻대로만 흘러가지는 않았다네
　↙　비록 쉽고 순탄한 길이 아닐지라도
　　　나는 내 방식을 고수해왔다네
　　　조언과 경험을 받아들이고 기억하게나
　　　도움이 될 걸세

바다는 강의 목적지
강물은 떠나야 할 이유를 알고 있지
우린 이제 몇 광년 더 가까워졌다네
   ↳ 큰 뜻을 품었다면 시간을 아끼게
       생각보다 인생은 빨리 흐른다네

강을,
베르가모트, 베티베르풀이
내 머릿속을 휩쓸고 떨어지는 강을 찾아야 한다네
길을 떠나 그냥 외워
눈 앞을 흘러간 삶
내 뜻대로만 흘러가지는 않았다네
   ↳ 인생은 복잡하고 우울하지만
       또한 향기롭고 아름답다네
       조언과 경험을 받아들이고 기억하게나
       도움이 될 걸세

더 이상 이끌어줄 이 없어도
내가 말했잖아, 자네도 눈치챘겠지만
우린 이전보다 몇 광년 더 가까워졌어
여기서부터 출발해
물결에 쓸려
바닷속으로 사라지는 강물을 쫓게나
   ↳ 믿고 의지하던 부모와 스승도
       언젠간 모두 떠나가지
       얼마 남지 않았다네
       모두 언젠가는 사라질 운명
       지금 당장 행동하게나

강물은 바다로 향하고
물살의 요행을 바라지만
그 무엇도 뜻대로만 흘러가지는 않는다네
생강, 레몬, 쪽잎, 고수 줄기, 건초 장미,
더 이상 버릴 게 남아있지 않다네
   ↳ 인생이 언제나 달콤하지는 않겠지
       그래도 최선을 다했으면 좋겠네

힘과 용기가 먼저라네
순진함이나 쫓는 강가 시인의
은밀하고 지친 표정보다도
물결에 쓸려
바닷속으로 사라지는 강물을 쫓게나
모든 게 자네 뜻대로 흘러갈지니
   ↳ 이제는 자네들의 시대를 응원하겠네
       자네들 차례라네
       자네만의 삶과 행복을 찾길 바라네

저마다 다른 줄기로 흐르던 강물은 종국에 바다로 모인다. 강물의 입장에서는 소멸일 수도 있고 완성일 수도 있다. 혹은 소멸을 통해서만 다다를 수 있는 완결을 표현한 걸지도 모르겠다. 강물은 어떤 풍경을 지나 무슨 기억을 지닌 채 바닷속으로 가라앉는가.

나와 친구들은 20여 년 전, 그러니까 R.E.M.이나 벤 하퍼(Ben Harper), 콕토트윈스(Cocteau Twins) 같은 걸 즐겨듣던 시절에는 미처 상상하지 못했던 많은 일을 겪었다. 직장을 옮겼고 즐겨 찾는 장소가 달라졌으며 새로운 인연을 만나는 한편 소중한 사람을 잃기도 했다.
물결은 산과 들을 만나 굽이굽이 흐르고 곤두박질친다.
그리고 바다에 다다르면 아무 일도 없었던 것처럼
잠잠해진다. 유속은 알아서 점점 빨라진다. 몇 광년처럼
멀게만 느껴지던 미래는 순식간에 발끝에 다다라
찰나처럼 지나간다. 시간은 길지만 인생은 짧다. 그렇다
하더라도 돌이켜보면, 속도를 내어 앞을 추월하고
싶었던 조바심도, 진정으로 좋은 게 무언지 몰라
생강, 레몬, 고수 줄기, 건초 장미 따위를 닥치는 대로
뒤적이던 마음도, 물결의 요행을 바라던 희망도, 그렇게
헛되지만은 않았다. 「강을 찾아서」는, 말하자면 그런
일들을 겪고 있고 겪게 될 젊음에 바치는 송가가 아닐까
싶다. 씁쓸한 회한 대신 삶의 순환 안에서 세상의 여러
풍경을 경험하고 되새기라는 잔잔한 조언과 위로를
건네는 듯하다. 우리의 인식을 넘어 거머쥐기 힘든
시간과 세상, 그 안에 또렷이 아로새겨진 작고 좁은
길을 안내하듯이.

투병 중인 어머니는 평생 손에 쥐었던 붓을 놓게 되었다.
지난 2022년, 작업실 한편에 쌓여있던 작은 꽃 그림들을
모으고 선별해, 아마도 마지막이 될 작은 전시를 열었다.
어머니의 시선이 향했던 그림에는 긴 시간을 고수한
삶을 대하는 온도가 아직 식지 않고 남아있었다. 전시의
포스터를 만들기 위해 그림을 촬영하고, 분판하고,
레이아웃하는 과정은 어머니와 나 사이의 (평소에는
좀처럼 드문) 깊은 대화처럼 여겨지기도 했다. 그걸
준비하는 동안에는 이따금 슬픈 마음이 들었다. 친구가
지어준 전시의 이름은 《초화일록(草花日錄)》이다.

화창한 5월은 꽃 그림이 가득한 전시와 잘 어울리는 계절이었다. 꽃은 지고 난 날부터 새롭게 피어날 때까지 부단히, 조용히, 맹렬히 준비하고 인내한다. 그리고 다음 해에 어김없이 기쁘게 피어난다. 개화의 시간은 짧고 우리 삶의 찬란한 날들도 한순간일지 모르지만, 부질없다 슬피 여기기보다는 지금 아름다운 장면을 반갑게 맞이하고 충실히 즐길 기회가 있어 다행이라는 마음이었다. 상실감 틈에서도 작고 튼튼한 희망을 선사하는 것, 작사가의 원래 의도와 상관없이, 나는 그것이 「강을 찾아서」가 우리에게 전하는 바라고 생각한다.

18. 꾸러미들

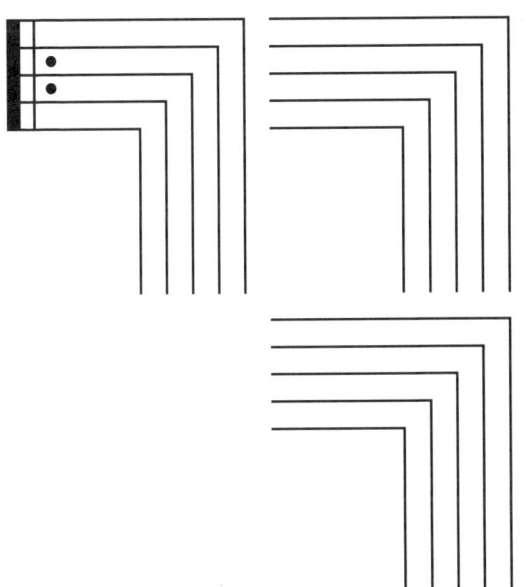

Bundles
2007

작사: 마리 수(Mariee Sioux)
번역과 글: 송승언

Oh, pick me up, I'm this bundle of sticks
Tied with the stems of clover and brambles
Oh, pick me up, I'm this bundle
Wrapped in shrouds of muscle
And patched with cedars and shadows
Patched for a million miles
And waiting like a praying mantis
To be found by a curious child
Those tiny ones with open-eyed wonder
Like the jaws of a yawning coyote
Or a cactus a-blooming early

And a loving dawn like a mother
And a loving dawn like a mother
And wishing it rained was the answer
And a loving dawn like a mother
And a loving dawn like a mother
And wishing it rained was the answer
And in curious jars we're a-spinning
Spinning, spinning, spinning into sickness
Spinning, spinning, spinning into sickness
And singing for stillness
Spinning, spinning, spinning into sickness
Spinning, spinning, spinning into sickness
And making up a still bed
Making up a still bed
Making up a still bed

So I'm notching my spine with thorns pulled from your thumb
Notching my spine with thorns pulled from your thumb

And I am swallowing my, I'm swallowing my bees down
I'm buckling my, I'm buckling my knees up
I'm eating my own hide to hide in my own skin
I'm eating my own hide to hide in my own skin
'Til I am left a-hanging upside down and draining
Like skinned does a-dangling from a hunter's oak limb
Like my sisters, those does, woven in red shrouds
And wearing bare ribbons of tightly-wrapped muscles
And bearing the burden of being that gift from the forest
That turns humans wooden when opened

So can you, can you, can you tell me?
Can you, can you, can you tell me?
If it's easier to be emptier but lighter
If it's easier to be the lantern or the fire
If it's easier to be a lover or an echo
If it's easier to be the bull or the fighter
And if it's easier to die by arrows or by tigers
If it's easier to fly by monarchs or by sparrows
By monarchs or by sparrows
Let me know

And there's a grizzly bearing in me
There's a grizzly bearing in me
And in you and in us and in we
And in you and in us and in we
Grizzly paws hide me
And grizzly paws hold me
And grizzly cradles me
Raising me like an offering
Of a bundle of sticks to the sun
Of a bundle of sticks to the sun
Of a bundle of sticks to the sun, to the sun

Now I'm sewing sewing sewing medicine bundles
With grass threads and porcupine quills
And I'm filling them up with galaxy beams
And with all the stars you've snuffed
And all the ghosts you've been
And with every shape you've morphed
And all the trees you've stumped
And I'm filling 'em up
With all the blood your heart has pumped and pumped
And with all of the love that your mouth has rushed
And with all of the voices that your ears have rung
And with all of the life that your dirt has sprung
And with all of the magic that your gardens have grown
I'm filling up these bundles with all the seeds
You've sown and sown and sown
And all the roots you've webbed and all the wind
You've blown and blown and blown
All the roots you've webbed and all the wind you've blown
And I'm filling up these bundles with all the twins you've born

And with every brother lost and all the organs you've loaned
With every brother lost and all the organs you've loaned

So, pick us up, we're these bundles
Tied with the stems of clover and brambles
Oh, pick us up, we're these bundles
Wrapped in shrouds of muscles

오, 나를 들어 올려줘요, 나는 이 나뭇가지 꾸러미예요
클로버와 가시나무의 줄기로 묶여있지요
오, 나를 들어 올려줘요, 나는 이 꾸러미예요
근육으로 된 수의로 싸여있어요
향나무와 그림자로 덧대어져 있어요
수백만 마일을 이동하려고요
기도하는 사마귀처럼 기다리고 있어요
호기심 많은 아이에게 발견되려고요
호기심으로 눈이 휘둥그레진 저 작은 아이들
하품하는 코요테의 입 같은
또는 이르게 꽃 피운 선인장 같은

그리고 어머니처럼 다정한 새벽엔
비가 오기를 바라는 것이 답이었지요
기이한 병[1] 속에서 우리는 빙글빙글 돌고 있어요
돌고 돌고 돌며 병[2]에 들어가고 있어요
고요를 바라며 노래하고 있어요
돌고 돌고 돌며 병에 들어가고 있어요
고요한 침대를 만들고 있어요

나는 당신의 엄지에서 뽑아낸 가시들로
나의 척추를 새기는 중이에요

---

1. jar.
2. sickness.

그리고 나는 내 벌들을 꿀꺽 삼키고 있어요
무릎을 굽힌 채 웅크리고 있어요
내 피부 속에 숨으려고 내 거죽을 먹고 있어요
내가 거꾸로 매달린 채 모두 쏟아낼 때까지
사냥꾼의 떡갈나무 가지에 매달린 암사슴 가죽처럼
저 암사슴들, 붉은 수의로 엮인 내 자매들처럼
헐벗은 근육 리본으로 단단히 감싸고
숲에서 온 선물이라는 짐을 나르고 있죠
여는 순간 인간을 나무로 만드는

그러니까 당신은, 당신은, 당신은 내게 말해줄 수 있나요?
당신은, 당신은, 당신은 내게 말해줄 수 있나요?
텅 비어있지만 가벼운 게 더 쉬운지
랜턴이 되는 것이 쉬운지 불이 되는 것이 쉬운지
연인이 되는 것이 쉬운지 메아리가 되는 것이 쉬운지
투우가 되는 것이 쉬운지 투우사가 되는 것이 쉬운지
화살에 죽는 것이 쉬운지 호랑이에게 죽는 것이 쉬운지
제왕나비가 되어 날아가는 것이 쉬운지
참새가 되어 날아가는 것이 쉬운지
제왕나비나 참새…
내게 알려줘요

내 안에는 회색곰이 있어요
당신 안에도 우리 모두의 안에도
회색곰의 발이 나를 가려요
회색곰의 발이 나를 붙잡아요
회색곰이 나를 안고서
들어 올려요 태양을 향해

제물로 바치는 나뭇가지 꾸러미처럼
태양을 향해

지금 나는 약 꾸러미들을 꿰매고 있어요
풀로 된 실과 고슴도치 가시 바늘로
그 꾸러미들을 은하수 빛줄기로 채우고 있어요
당신이 꺼트렸던 모든 별빛들로
당신이었던 모든 유령들로
당신이 변했던 모든 형상들로
당신이 베어버린 모든 나무들로
그것들을 채우고 있어요
당신의 심장이 퍼 올리고 퍼 올렸던 모든 피로
당신의 입이 쏟아냈던 모든 사랑으로
당신의 귀에 울렸던 모든 목소리로
당신의 흙에서 싹텄던 모든 생명으로
당신의 정원이 키워냈던 모든 마법으로
모든 씨앗들로 이 꾸러미들을 채우고 있어요
당신은 씨를 뿌리고 뿌리고 뿌렸었죠
그리고 당신이 얽었던 모든 뿌리들과 모든 바람들
당신이 불고 불고 불었던
당신이 얽었던 모든 뿌리들과
당신이 불었던 모든 바람들
이 꾸러미들을 채우고 있어요
당신이 낳은 모든 쌍둥이들로
잃어버린 모든 형제와
당신이 빌려준 모든 장기들로

그러니, 우리를 들어 올려줘요
우리는 이 나뭇가지 꾸러미예요
클로버와 가시나무의 줄기로 묶여있지요
오, 우리를 들어 올려줘요, 우리는 이 꾸러미예요
근육으로 된 수의로 싸여있어요

마리 수(Mariee Sioux)의 『페이시스 인 더 록스(Faces in the Rocks)』는 그녀의 세 번째 음반이다. 앞서 발표한 두 장의 음반은 레이블을 통하지 않았고, 수록곡 중 일부를 세 번째 음반에 포함하기도 해 『페이시스 인 더 록스』를 첫 정규 음반으로 보기도 한다. 나 역시 이 음반으로 그녀를 알게 됐다.

첫 감상은 부정적이었다. 개인적으로는 비슷한 시기에 활동을 시작한 마리사 내들러(Marissa Nadler)와 비교하게 되었는데, 『발라즈 오브 리빙 앤드 다잉(Ballads of Living and Dying)』과 『더 사가 오브 메이플라워 메이(The Saga of Mayflower May)』를 거쳐 같은 해 『송 스리: 버드 온 더 워터(Songs III: Bird on the Water)』를 발표한 내들러 쪽이 훨씬 좋게 들렸다. 하지만 나는 수의 음반을 쓸모없는 기억을 위한 창고에 처박아두는 대신에 종종 듣는 쪽을 택했다. 가끔 그런 것들이 있다. 지금 당장 마음에 들지 않아도 언젠가는 마음에 들리라는 기대가 있는 것들. 그런 느낌에 따라 무언가를 포기하지 않을 때 결국 좋은 순간으로 돌아오는 경험을 겪어왔기에, 나는 그 순간의 기분에 좌우되어 무언가를 평가하는 일에 가능한 한 조심스러워지려 하는 편이다.

어느 날 나는 마리 수의 목소리에 빠져들 수 있었다. 그녀의 목소리는 고통스러울 만큼 슬펐다. 그리고 나는 그 고통을 거부하기 위해 감정의 힘겨루기를 하고 있었던 것 같다. 그녀의 목소리는 깊은 영혼의 굴속으로 파고드는 듯이 어두웠고 단단했으며 울림이 있었다. 나는 그녀를 다시 찾아 들을 때마다 고통스러울 만큼 깊은 슬픔에는 환희할 만큼의 아름다움 또한 뒤섞여있다는 것을 재차 느꼈다.

수의 음반을 듣고 떠올릴 만한 키워드 몇 개가 있다면 자연, 이주민과 원주민, 으스스함, 어두움, 여림, 소녀와 마녀 등등이다. 그녀의 내력에서 그 맥락을 살필 수 있다. 그녀의 아버지 개리 소보냐(Gary Sobonya)는 헝가리 출신의 만돌린 연주자이고, 어머니 펠리시아(Felicia)에게는 멕시코 인디언과 파이우트족, 스페인인의 피가 흐른다고 한다. 그러한 부모 아래에서 자라난 수에게 이주민과 원주민들의 정서는 익숙했을 듯하다. 갈취한 땅과 집을 언제 빼앗길지 몰라 벌벌 떠는 청교도-백인들의 두려움이 아닌, 떠나온 자, 빼앗긴 자, 버림받은 자, 약자들의 비애 말이다. 그런 관점에서 수의 목소리를 들어보면 죽어서 자연의 일부가 된 영혼들의 넋두리와 애원 같다.

그녀는 어릴 때부터 시를 썼고, 17세 무렵 원주민 어린이를 위한 학교에서 자원봉사를 하며 기타를 독학했다. 만돌린 연주자인 아버지의 영향도 컸을 테다. (실제로 그의 아버지는 연주자로서 음반에 참여했다.) 잠든 영혼들을 불러내려 하는 듯한 마리 수의 읊조림으로 시작되는 「페이시스 인 더 록스」는 단순하게 반복되는 기타 연주와 아메리카 원주민의 플루트 소리를 통해 어둡고 낯선 소수 민족의 몽환적인 자연으로 청자를 소환한다. 청자는 그곳에서 우리의 피부 아래로 흘러가는 강물을 따라 나무의 뼈로 만든 보트에 자신의 얼굴을

조각상으로 만들어 단 이가 흘러가는 풍경을 바라보고,
숲길에 떨어진 나뭇가지들이 불러대는 목소리를 듣고,
물 대신 불을 흘리는 야생의 눈동자들과 눈을 마주친다.
물과 돌과 나무에 깃들어있는 얼굴, 얼굴, 얼굴들. 그리고
그 얼굴들에 난 구멍으로부터 흘러나오는 목소리들.
수를 오래 듣다 보면 나도 그중 하나처럼 느껴진다.
당신도 스스로를 소외되고 무시당하는 그 소리들이라
느끼실는지. 그럴 수 있다면 당신도 내 자매다.

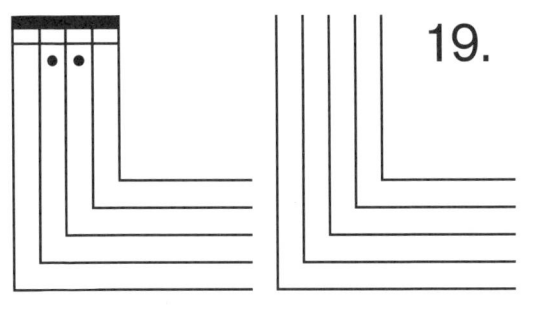

19. 나는 세상에서 사라졌습니다

Ich Bin der Welt Anhanden Gekommen
1821

작사: 프리드리히 뤼케르트(Friedrich Rückert)
번역과 글: 김영글

Ich bin der Welt abhanden gekommen,
Mit der ich sonst viele Zeit verdorben.
Sie hat so lange von mir nichts vernommen,
Sie mag wohl glauben, ich sei gestorben.

Es ist mir auch gar nichts daran gelegen,
Ob sie mich für gestorben hält;
Ich kann auch gar nichts sagen dagegen,
Denn wirklich bin ich gestorben der Welt.

Ich bin gestorben dem Weltgewimmel
Und ruh' in einem stillen Gebiet.
Ich leb' in mir und meinem Himmel,
In meinem Lieben, in meinem Lied.

나는 세상에서 사라졌습니다
거기서 많은 시간을 낭비했어요
오랫동안 내 소식이 없었지요
누군가는 죽었다고 믿을지도 모릅니다

하지만 괜찮습니다
내가 죽었다고 여겨도
아니라고 할 수도 없습니다
진실로는 죽은 것과 같으니까요

소란스러운 세상에서 나는 죽었습니다
그러고는 고요한 곳에서 쉽니다
나는 내 안에서, 나의 천국에서 살아요
나의 사랑 속에서, 나의 노래 속에서

1.

몇 해 전, 친구의 죽음으로 한동안 침잠의 시간을 보냈다. 먹고 마시고 일하고 생활을 건사하는 게 불가능하지는 않았는데, 고통을 느끼고 싶지 않아서 진지하게 생각하거나 온전하게 감각하기를 미뤄두는 때가 잦았다. 겨울이 끝나갈 무렵의 어느 밤, 그날도 아무 생각 없이 음악을 틀어놓은 채 뜨개질을 하고 있었다. 코로나로 전 세계 공연이 중단된 시기여서, 피아니스트들의 재택 연주가 라이브로 스트리밍되고 있었다.

음악에 귀를 기울이다 불현듯 눈물이 쏟아졌다. 슬프다거나 아름답다거나 하는 감상이 떠오르기도 전에, 거의 무의식중에 일어난 반응이었다. 얼른 정신을 차리고 방금 연주된 곡이 무엇인지 확인해 노트에 메모해 두었다. 브람스의 소품집 중 한 곡이었다. 몇 번을 거듭하고 거듭해 들은 뒤, 나는 내가 끝나지 않을 것 같았던 캄캄한 터널을 이제 거의 다 통과해 나왔다는 것을 느꼈다. 음악 덕분만은 아니었지만, 음악 속에서 비로소 그 사실을 알 수 있었다.

2.

짐 자무시(Jim Jarmusch) 감독의 〈커피와 담배(Coffee and Cigarettes)〉는 열한 개의 에피소드로 이루어진 옴니버스 영화인데, 커피, 담배, 음악, 이 세 가지 중 하나라도 좋아하는 사람이면 재밌게 볼만한 영화다. 배우와 뮤지션이 잔뜩 등장하는데, 모두가 실명을 쓴다. 내가 가장 좋아하는 에피소드는 맨 마지막 에피소드다. 작업복 차림의 두 노인, 테일러 미드(Taylor Mead)와

윌리엄 라이스(William Rice)가 건물 한구석에 앉아
있다. 청소 중에 잠시 주어진 휴식 시간 같다. 종이컵에
담긴 커피를 마시던 테일러가 귀엽도록 진지한
표정으로 말한다.

    "우리 이 커피를 샴페인인 척 해보세."

담배를 말아 피던 윌리엄은 무심하게 대꾸한다.

    "이게 왜 샴페인인가? 커피지. 나는 노동자들의 싸구려
    커피가 더 좋다네."

테일러가 받아친다.

    "자네 문제가 뭔지 아나? 삶의 기쁨을 모른단 거야."

귀여운 노인과 무심한 노인은 말없이 커피를 마시며
곧 끝나버릴 휴식시간을 음미한다. 눈을 감은 노인의
귓전에 희미하게 음악 소리가 들려온다. 프리드리히
뤼케르트(Friedrich Rückert)가 쓴 시에 구스타프
말러(Gustav Mahler)가 곡을 붙인 가곡으로, 제목 없이
첫 줄을 따「나는 세상에서 사라졌습니다(Ich bin der
Welt abhanden gekommen)」로 불리는 노래다.

1860년 보헤미아에서 독일어를 쓰는 유대인으로
태어났던 말러는 "나는 삼중으로 고향이 없다"는 말을
남겼다. 오스트리아에서는 보헤미아인으로, 독일에서는
오스트리아인으로, 세계에서는 유대인으로, 어디서든

이방인으로 받아들여지고 환영받지 못한다는 느낌 속에 살았다고 한다. 그런 그에게 이 시는 자신의 삶을 쓰라리게 요약하는 문장들로 여겨졌던 모양이다.

3.
토마스 만의 소설『마의 산』에는 이야기와 음악의 관계를 설명하는 구절이 나온다. 조형 예술 작품이 단번에 눈에 들어오는 데 반해서 이야기와 음악은 시간이 흘러야만 모습을 온전히 드러낸다는 점에서 유사하다는 것이다. 한편, 음악에는 음악만의 특수한 시간성도 있다고 작가는 덧붙인다. 음악은 인간에게 주어진 지상의 시간을 잘라내어 구분 짓는 일을 한다. 그 사이사이 마디마디에 흘러 들어가, 음악은 속세의 시간을 고상하게 드높이기도 한다.

4.
이따금 나는 죽음을 선택하는 사람들의 마지막 심정을 헤아려 보려고 애쓰곤 한다. 불가능한 일이라는 것을 알면서도 말이다. 내가 겨우 이해할 수 있는 부분은 이런 것이다. 세상이 사람을 버리기도 하지만, 사람이 세상을 버릴 수도 있다는 사실. 세상에서 길을 잃는 것과, 세상을 잃기로 하는 것은 명백히 다르다는 사실. 그러니까 사람이 죽는다는 건, 그가 사라지는 게 아니라, 그에게 있어서 한 세상이 사라지는 일인지도 모른다는 것.

5.
어떤 음악은 어떤 사람의 어떤 시간과 만나, 이상할 정도로 완전한 무엇이 되어주는 것 같다. 고향이 없는

사람에게는 고향이, 친구가 없는 사람에게는 친구가,
은신처가 필요한 사람에게는 은신처가. 작은 이어폰
하나만 있으면 음악은 나를 외부 세계와 단절시켜 준다.
속하고 싶지 않은 세상을 사라지게 해준다. 과거도
미래도 침범할 수 없는 영원한 현재를 살게 해준다.
음악은 죽음과 가장 비슷한 예술이다.

다른 어떤 매체보다 음악이 고귀하게 여겨지는 것도
그래서고, 때로 거리를 두고 싶어지는 것도 그래서다.
그 세계는 너무나 매혹적인 천국이어서, 의심 많고 미련
많은 나를 종종 문턱에서 서성이게 만든다. 하지만
두려워할 필요는 없다는 것도 안다. 모든 노래는 언젠가
끝나기 때문이다. 길어봤자 몇 분에 불과한 게 노래고,
아무리 트랙 리스트가 긴 앨범도 한 바퀴 돌고 나면
끝난다. 그러면 음악은 한쪽 문을 닫고, 반대쪽 문을
연다. 그리하여 우리는 잠시 숨겨두었던 몸을 일으켜
세상으로 뚜벅뚜벅 걸어나갈 수 있는 것이다.

20.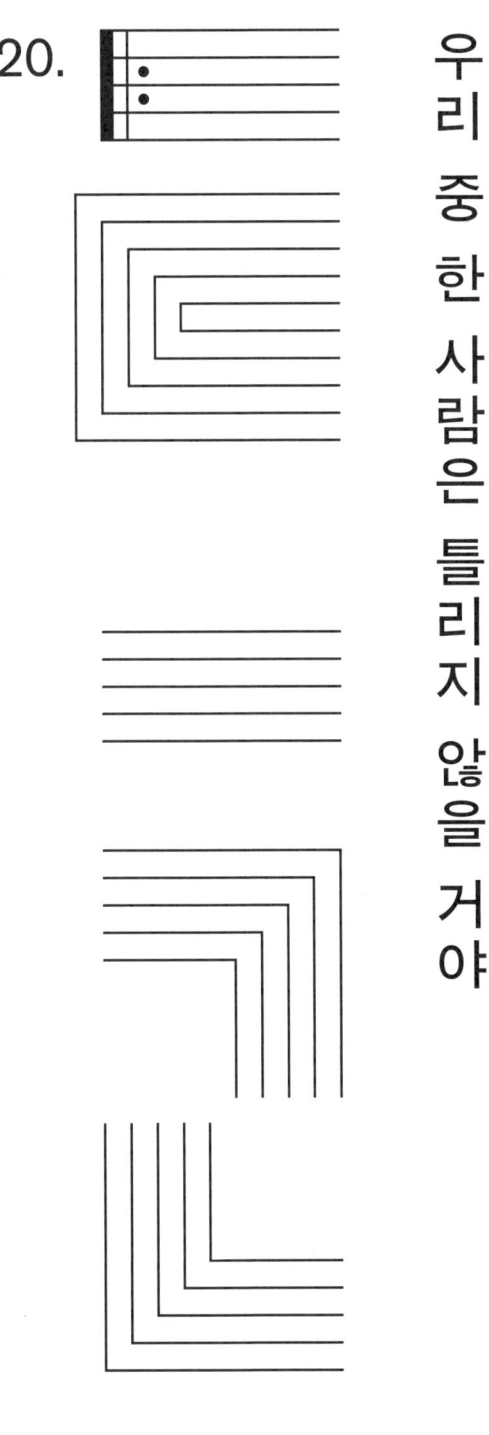

One of Us Cannot Be Wrong
1967

작사: 레너드 코헨(Leonard Cohen)
번역과 글: 이민휘

I lit a thin green candle
To make you jealous of me
But the room just filled up with mosquitoes
They heard that my body was free
Then I took the dust of a long sleepless night
And I put it in your little shoe
And then I confess that I tortured the dress
That you wore for the world to look through

I showed my heart to the doctor
He said I'd just have to quit
Then he wrote himself a prescription
And your name was mentioned in it
Then he locked himself in a library shelf
With the details of our honeymoon
And I hear from the nurse that he's gotten much worse
And his practice is all in a ruin

I heard of a saint who had loved you
So I studied all night in his school
He taught that the duty of lovers
Is to tarnish the golden rule
And just when I was sure that his teachings were pure
He drowned himself in the pool
His body is gone but back here on the lawn
His spirit continues to drool

An Eskimo showed me a movie
He'd recently taken of you
The poor man could hardly stop shivering
His lips and his fingers were blue
I suppose that he froze when the wind took your clothes
And I guess he just never got warm
But you stand there so nice in your blizzard of ice
Oh please, let me come into the storm

난 가느다란 초록 양초에 불을 붙였어
네가 질투를 느끼도록
그러나 방은 모기로 가득 찼지
내 몸이 공짜라고 들었나봐
그리고 난 긴 불면의 밤의 먼지를 가져와
너의 작은 신발에 넣었지
그리고 난 드레스를 고문했다고 고백했어
네가 세상에 보여주기 위해 입은 그 드레스
난 의사에게 내 심장을 보여주었어
그는 나에게 그만두어야 한다고 했지
의사는 자기 앞으로 처방전을 썼어
거기엔 너의 이름이 적혀 있었지
의사는 그 자신을 도서관 서가에 가두어버렸어
우리의 신혼여행의 세세한 정보를 가진 채로
간호사는 그가 더 안 좋아졌다고 말했지
그의 일은 완전히 망가졌고
너를 사랑했던 성인에 대해 들었어
그래서 그의 학파에서 밤새 공부했지
그는 가르치길, 사랑하는 사람의 의무는
황금률을 더럽히는 것이라고
내가 그의 가르침이 순수했다고 확신했을 때
그는 웅덩이에 빠져죽었지
그의 육신은 갔지만
그의 영혼은 여기 풀밭 위에서 계속 침을 흘리고
한 에스키모가 최근 너를 찍은 영화를 보여주네
불쌍한 남자가 계속 떨고 있어
그의 입술과 손가락은 파랬고
바람이 너의 옷을 가져갔을 때 그는 얼었던 것 같아

그는 결코 따뜻해지지 못했나봐
그렇지만 너는 너의 꽁꽁 언 눈보라 속에 멋지게 서 있네
오 제발, 내가 그 폭풍 안에 들어가게 해주오

나는 어릴 때 번역 과정에서 일어날 수 있는 오역과 의역을 너무 의심한 나머지 번역된 외국 문학은 거의 읽지 않았다. 물론 어느 정도 커서는 (보통 타의에 의해) 외국 문학을 접했지만 아마 내가 접한 문학은 한국 문학이 팔 할을 차지할 것이다. 다행히(?) 순수 문학과 달리 외국어로 쓰인 노래들은 비교적 이해하기 쉬운 수준인 경우가 많았는데, 당연히 그렇지 않은 가사도 많았고 그중에서도 레너드 코헨(Leonard Cohen)의 가사는 난이도가 극악이었다.

코헨의 노래는 짧은 영어 실력을 가진 내가 듣기에도 그냥 지나치기에는 너무 아름다웠다. 언젠가 각잡고 번역을 해보면 좋겠다고 생각하던 차 이번에 『남의 노래』 청탁이 들어왔길래 호기롭게 이 곡을 골랐지만, 번역하면서 참 애를 먹기는 했다. 번역하기도 어려웠지만 번역을 하고 나서도 무슨 이야기인지 정확히 손에 잡히지 않았다. 그렇지만 코헨이 노래에서 어떤 작업을 하는지는 어렴풋이 알게 되었다.

무언가에 대해 말하지 않는 방식으로 무언가에 대해 말하기. 코헨은 그야말로 시적인 방식으로 이야기를 담고 있는 세계를 확장한다. 사랑하는 너에게 나는 계속 끌려가지만 이 사랑은 지옥이다. 너와의 관계에 관해 이야기를 나누는 제삼자일 수도, 너일 수도, 심지어 나일 수도 있는 의사와 성자, 에스키모는 종내 고통에 빠진다. 그럼에도 나는 폭풍에 들어갈 것이다. 우리 중 한 사람은 틀리지 않을 거라니? 우리 중 한 사람은 무조건 틀렸다는 말인지 둘 중 한 사람만큼은 그래도 틀리지

않았으면 좋겠다는 말인지. 가사 전반에 흩뿌려진
힌트들은 사랑의 메타포로도, 결혼의 메타포로도
읽힌다. 아니 결혼, 그런 거였어…?

나는 이제껏 살면서 사랑 노래를 써본 적이 없다.
물론 사랑하는 사람이나 그와 겪었던 일에서 출발한
노래들은 있지만 사랑한다는 이야기나 그 마음 자체를
다룬 적은 없다. 사실 그 마음들을 언어로 꺼내놓는
것이 좀 오글거리기도 했고, 언어화하면 별것 아닌 것이
되어버릴까 봐 두렵기도 했고, 지나쳐간 당사자들에게
예의가 아니라는 생각이 들기도 했으며, 작업물과
자연인 이민휘의 서사가 엮여서 불필요한 오해를
낳을지 모른다는 부담도 있었다. 그런 여차한 이유들로
나는 사랑에 대한 노래는 앞으로도 쓸 수 없겠군, 하고
단념했던 것이 사실이다. 그런데 코헨의 이 가사를
번역하면서 어떤 실마리를 찾은 기분이 들었다.

무언가에 대해 말하지 않는 방식으로 무언가에 대해
말하기. 이 방법은 시에 다가가지만 시를 담보하지는
않는다. 무엇이 우리로 하여금 코헨의 가사를 시적인
것으로 느끼게 만들까? 그의 가사를 따라가다 보면
그가 외롭게 싸우고 있는 것을 알게 된다. 그 싸움에는
흔들어야만 볼 수 있는 것들이 있어서 때로 혼란스럽고,
지저분하고, 소란스러웠을 것이다. 너무 흔든 나머지
주어들이 뒤섞이고 꿈과 현실이 서로에게 미끄러지면서
오히려 대상이 더욱 명징해지는 순간이 왔을 것이다.
싸움에서 헤매고 절제하면서 가사는 그만의 정연한
아름다움을 찾아간다. 그가 갈등 속에서 표상하는

실제와 멀어지고자 했다면, 대상을 흔듦으로써 오히려 자유로워지고자 했다면, 내가 느낀 번역에 대한 부담도 어쩌면 조금은 불필요하고 과했을지도 모르겠다는 생각이 든다. 그의 가사에서 느껴지는 아름다움은 정확한 지시와 세심한 묘사가 아니라 내면의 싸움에서 온다. 가사는 어려울 필요도, 쉬울 필요도 없지만 형식과 무관하게 내적인 파격(破格)을 가질 필요는 있다는 점을 다시금 상기한다.

21. 복잡해

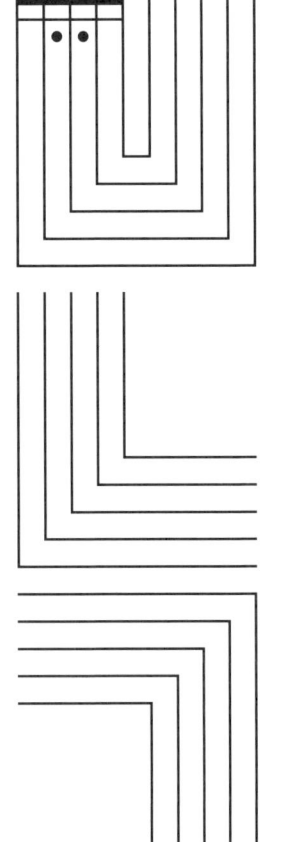

Complex
2022

작사: 케이티 그렉슨 매클라우드(Katie Gregson-MacLeod)
번역과 글: 최진규

I'm twenty-one
The edge is razor thin
Between being numb and feeling everything
Good days only serve as relief again

Now I'm watching as I waste away my days
And then it's a cross dissolve
It's a scene I've played before
And the leading role that I thought I'd hold
Doesn't listen to me anymore

But I'm wearing his boxers,
I'm being a good wife
We won't be together, but maybe the next life
I need him like water, he lives on a landslide
I cry in his bathroom, he turns off the big light
I'm being a cool girl, I'm keeping it so tight
I carry him home while my
friends have a good night
I need him like water, he thinks that I'm alright
I'm not feeling human, I think he's a good guy
But it's complex
It's a complex

Triangular,
I can see them now
Three points at which I let myself down
I was just a girl, what's the excuse now?
Too regular, this pattern
I've been taking shelter in reaching new highs
When I was nineteen
I wanted to die
Now I just want to kill you
But I don't want to paint you the victim
And I talk a good game
I'd die for just the promise you'd listen

But I'm wearing his boxers,
I'm being a good wife
We won't be together, but maybe the next life
I need him like water, he lives on a landslide
I cry in his bathroom, he turns off the big light

I'm being a cool girl, I'm keeping it so tight
I carry him home while my
friends have a good night
I need him like water, he thinks that I'm alright
I'm not feeling human, I think he's a good guy
But it's complex
It's a complex

It's a complex
It's a complex

난 스물한 살이야 그 경계가 날카로워
아무것도 못 느끼다가 불쑥 모든 걸 느껴
괜찮은 날들이 있어서 그나마 숨을 쉬지

이제 나는 인생이 부질없이 흘러가는 걸 지켜봐
그러다 서서히 화면이 바뀌어
전에 내가 연기했던 장면이 나오네
난 내가 주인공 역할을 차지한 줄 알았거든
이제는 내 말을 들어주는 사람이 없어

그럼에도 난 그의 속옷을 입고 있어
난 좋은 아내가 되려 해
우리가 맺어지지 못해도
다음 생에는 그럴 수 있을지도
난 그가 물처럼 꼭 필요한데
그는 산사태처럼 떠내려가
내가 화장실에서 울고 있는데
그는 전등을 모두 꺼버려
난 쿨한 여자가 되려 해
난 마음을 다잡고 꾹 참아
난 그를 집으로 데려와
내 친구들이 푹 자는 동안에 말이야
난 그가 물처럼 꼭 필요한데
그는 내가 괜찮아 보이나 봐
나는 사람이 아닌 것 같다고 느껴
그러면서 그는 좋은 사람으로 생각해
제길 뭐가 이리도 복잡할까
복잡한 문제야

세 개의 꼭짓점
이제야 그걸 알아볼 수 있어
내가 스스로에게 실망한 세 지점
난 그저 어린 여자아이였을 뿐인데
무슨 변명이 통하겠어
너무 흔하지, 이런 행동 패턴은
난 몸을 숨겼어
신기록에 닿으려 하면서
열아홉 살 때 난
죽으려고 했었지
지금은 널 죽이고 싶을 뿐이야
하지만 네가 피해자로 포장되는 게 싫어
나는 말만 그럴듯하게 내뱉었지
네가 들어준다고 약속하면 널 위해 죽겠다고

그럼에도 난 그의 속옷을 입고 있어
난 좋은 아내가 되려 해
우리가 맺어지지 못해도
다음 생에는 그럴 수 있을지도
난 그가 물처럼 꼭 필요한데
그는 산사태처럼 떠내려가
내가 화장실에서 울고 있는데
그는 전등을 모두 꺼버려
난 쿨한 여자가 되려 해
난 마음을 다잡고 꾹 참아
난 그를 집으로 데려와
내 친구들이 푹 자는 동안에 말이야
난 그가 물처럼 꼭 필요한데

그는 내가 괜찮아 보이나 봐
나는 사람이 아닌 것 같다고 느껴
그러면서 그는 좋은 사람으로 생각해
제길 뭐가 이리도 복잡할까
복잡한 문제야

복잡해
복잡해

처음 유튜브에서 우연히 이 노래를 들었을 때, 가수가
발음하는 '콤플렉스(complex)'라는 단어가 좀처럼
잊히지 않았다. 콤플렉스. 상황이 복잡하다는 말일까.
아니면 스스로 극복할 수 없는 심리적 약점을 말하는
것일까. 그것도 아니면 정말 그저 "모르겠다 모르겠어"
같은 한탄일까. 노래 내용을 알기 전부터 벌써
콤플렉스라는 단어 때문에 궁금증이 잔뜩 커지고 있었다.

화자는 이제 스물한 살이다. 무감각한 시간과 모든
감정이 밀물처럼 밀려오는 시간이 경계도 없이 마구
교차하는 시절을 살고 있다. 인생이 부질없게 느껴진다.
자기 인생의 주인공이 되지 못한 기분. 어디에도 내
역할이 없는 기분.

화자에게는 파트너가 있다. 화자는 그가 물처럼 꼭
필요하다. 사랑한다거나 좋아한다는 말은 노래에 없다.
화자는 그가 물처럼 필요하다고 말한다. 둘은 잘 맞는
사이일까. 그는 화자가 화장실에 있는데도 전등을
꺼버린다. 그는 화자가 울고 있다는 걸 모르는 듯하다.
심지어 지금 화장실 안에 있다는 것도 모른다. 화자의
존재마저 자꾸 잊는 것은 아닐까. 화자는 포기하지
않고 노력한다. 그의 속옷을 입는다. 좋은 아내가 되려
한다. 자기 친구들은 다들 편히 쉴 밤이라고 해도,
남자를 집까지 픽업하는 수고를 마다하지 않는다.
화자는 괴리감 속에 산다. 화자는 상처 속에서 산다.
화자는 자신이 누군지 알 수 없다. 사람다운 느낌이
들지 않는다. 하지만 그는 화자의 상태가 '괜찮다'고
생각한다. 생각하는 것조차 아닐지도. 그저 내버려두는

건지도. 그럼에도 화자는 자신의 인생에 그가 없으면 안 된다고 느낀다. 화자는 이러한 자신의 처지를 모르지 않는다. 하나하나 예리하게 알고 있다. 어떤 날에는 통째로 깨닫는다. 그럼에도… 그럼에도 여전히 그의 속옷을 입는다.

이때 화자가 나지막이 내뱉는 말이 "it's a complex"이다. 이 문장은 무얼 말할까. 화자의 머릿속을 말할까('생각이 너무 어지러워'). 마음을 말할까('마음이 내내 어수선해'). 상황을 말할까('잔뜩 꼬인 문제야'). 아니면 그라는 존재가 복잡하다는 뜻일까('그의 반응들이 무얼 뜻하는 건지 난 모르겠어'). 아니면 자신이 복잡하다는 뜻일까('난 도대체 어찌하고 싶은 걸까'). 추측을 이어나가다 보면 이런 생각이 든다. 아마도 화자는 이 중 한둘이 아닌 모든 게 뒤얽힌 상태를 겪고 있지 않을까. 그렇다면 비록 나지막한 읊조림이라고는 해도 그 속내에는 욕지기가 섞이지 않았을까 싶다('복잡해, 제길').

칼 구스타프 융(Carl Gustav Jung)의 책은 제대로 읽어본 적은 없는데 예전부터 무척 관심이 있다. 얼마 전 스치듯 읽은 내용이 자꾸 생각난다. 내가 잘 알고 말하는 게 아니라 다만 주워들은 얘기를 쓰고 있음을 미리 고백한다. 내가 들은 것은 이런 이야기다. 융이 말하길, 사람이 어릴 적엔 '전체성'을 추구하고, 커서는 '개성화'를 추구한다고 했다는 것이다. 전체성 추구란, 간단하게 말하면 세계의 전체상을 파악하려고 하는 것. 내가 살아갈 세계, 환경, 정신 영역을 모두 알려는 의식이랄까. 총체적으로 알고 싶어 하는 것이다. 융은 사람은

인생의 젊은 시기에 주로 전체성 파악에 몰두한다고
봤다. 개성화란, 총체를 인식한 데서 분화하여 독자의
길을 꾸려나가는 일이다. 융은 사람이 중장년이 되면
총체화보다 개성화에 몰두한다고 봤단다.

출처가 기억나지 않는 어느 생물학 책에서는 이런
이야기를 읽은 적이 있다. 생물로서 인간은 젊어서는
'번식'을 위해 에너지를 쓰고, 나이 들어서는 '문화 전승'을
위해 에너지를 쓴다는 것이다. 문화전승이란 기억의
전승, 경험의 전승, 생존 기술의 전승 같은 것을 말한다.

당시 나는 이런 이야기들을 복잡하게 뒤섞으며 읽고
있었다. 그러던 어느 날 이 생각들이 슬그머니 다음과
같이 조합되었다. 융의 '전체성-개성화' 논의와
생물학에서의 '번식-문화 전승' 논의를 합치면, 우리가
삶에서 에너지를 쓰는 일의 본질을 다음처럼 정리해
볼 수 있겠구나 하고 말이다. 인간은 젊어서는 생물적
번식을 위해 애쓰고 나이 들어서는 문화적 전승을
위해 애쓰는데, 그 방법은 우선은 '전체'를 인식하고
다음으로는 '개체화'를 수행하는 식으로 이뤄진다.

나는 엉뚱하게 조합해 만든 이 가설을 가만히 생각했다.
그런데 갑자기 끔찍한 기분이 들었다. 그리고 멍해졌다.
내 안의 스물한 살인 내가 말했다. 복잡해, 제길. 다
싫고, 다 싫어.

그러게 말이다. 뭐가 이리 복잡할까. 다시 노래 이야기로
돌아오면, "it's a complex"의 가장 알맞은 번역은

아무래도 "복잡해"가 될 듯하다. 하지만 화자에게 감정을 이입할수록 저 말 앞에 왠지 '제길'이라는 표현을 넣고 싶어진다. 욕지기를 내뱉을 때 우리는 그 반동으로 힘을 얻기도 하니까. 제길, 젠장 같은 말을 뱉으며 우리는 바닥을 손으로 짚고 일어나곤 하니까.

"제길 뭐가 이리도 복잡할까."

욕이 나올 만큼 혼란스러운 이 복잡함은 어디서 생겨난 걸까. 내가 안다면 스물한 살인 화자에게 당장 알려줄 텐데. 애석하게도 내가 아는 것은 욕뿐이다.

22. 이상한 열매

Strange Fruit
1937

작사: 아벨 미로폴(Abel Meeropol)
번역과 글: 김영글

Southern trees bear strange fruit
Blood on the leaves and blood at the root
Black bodies swinging in the southern breeze
Strange fruit hanging from the poplar trees

    Pastoral scene of the gallant south
    The bulging eyes and the twisted mouth
    Scent of magnolias, sweet and fresh
    Then the sudden smell of burning flesh

        Here is fruit for the crows to pluck
        For the rain to gather, for the wind to suck
        For the sun to rot, for the trees to drop
        Here is a strange and bitter crop

남부의 나무들은 이상한 열매를 맺네
잎사귀에 피 뿌리에도 피
남쪽에서 미풍이 불면 흔들리는 검은 몸들
포플러 나무에 이상한 열매가 달려있네

광활한 남부의 목가적 풍경
불거진 눈알들과 뒤틀린 입들
달콤하고 상큼한 목련 향기
그러다 돌연 살 타는 냄새

여기 까마귀가 쪼아먹는 과일이 있네
비가 수확하고 바람이 빨아먹는
태양이 썩히고 나무가 떨구는
여기 이상하고 씁쓸한 작물이 있네

철없던 시절 홍대의 공연주점 '스트레인지 프룻'에 들어갔다가 이 노래를 처음 알게 됐다. 오, 가게 이름을 노래에서 따왔다고? 제목이 매력적인데? 귀가 후 가벼운 마음으로 노래를 검색해 봤다가 소스라치게 놀랐던 기억이 난다.

20세기 초 미국 남부에서는 흑인을 상대로 한 백인의 린치가 성행했다. 인종차별이라는 단어로 다 해명되지 않는 잔혹함이 절정에 달해, 흑인을 공개적으로 처형하는 것은 일종의 오락이 되었다. 1930년 인디애나주에서 두 흑인 남성이 백인 여성을 강간했다는 누명을 쓰고 집단 폭행을 당한 끝에 나무에 목이 매달린다. 현장에 있던 사진가가 사진을 찍어 장당 50센트에 판매했고, 이 처형은 역사에 영원히 박제된 이미지로 남았다.

브롱크스의 유대계 백인 고등학교 교사이자 노조 활동가인 아벨 미로폴(Abel Meeropol)은 이 사진을 보고 충격을 받아 한 편의 시를 쓴다. 루이스 앨런(Lewis Allan)이라는 가명으로 1937년 교사 노조 잡지에 실은 시의 제목은 「쓴 열매(Bitter Fruit)」였다. 평소 그는 시를 쓰면 다른 사람에게 곡을 써 달라 부탁하곤 했지만, 이번에는 직접 멜로디를 붙였다. 그리고 아내 로라 덩컨(Laura Duncan)과 함께 매디슨 스퀘어 가든을 비롯한 여러 공연장에서 시위 노래로 불렀다. 이것이 「이상한 열매(Strange Fruit)」의 시작이다. 1939년 뉴욕의 나이트클럽 '카페 소사이어티'에서 빌리 홀리데이의 목소리로 불리면서, 이 노래는 미국 민권 운동과 흑인 저항가요의 상징이 되었다.

열매, 몸, 과일, 작물 같은 단어들로 바꿔 호명되는
이미지는 시간의 무자비한 풍화작용에 쓸려 소멸할
일만 남은 시체다. 배경을 알고 나면 한층 더
참담해지는 이 은유는, 겨우 열두 줄의 문장으로
묘사되어 있지만 쉽게 요약할 수 없는 감정을 남긴다.
빌리 홀리데이의 음울한 음색과 호소력 있는, 그러나
절제된 고통의 표현이 미묘함을 가중한다. 낯짝을 번뜩
후려치는 섬뜩함이 처음 오는 감상이라면, 그 뒤로
오래 남아 목덜미를 서늘하게 맴도는 것은 의아함이다.
끔찍한 폭력 사건에 관한 이야기인데, 어째서인지 그
폭력의 주체인 가해자나 야만의 행위를 가리키지는
않는 것이다. 노래의 시선은 처음부터 끝까지 린치를
당한 육체에 머물러있다. 태양과 바람에 그 육체가
썩어 없어질 때까지. 그럼으로써, 이 불쾌한 이미지는
역사 속 한 페이지를 들려주는 옛날이야기로 남기를
거부한다. 대신 청자의 눈을, 코를, 귀를, 모든 감각을
다른 시공간으로 소환한다. 우리가 붙들려가는 곳은
어디인가? 그곳은 한 세기 전 목매달려 죽은 몸을
보며 웃고 떠들던 군중의 가학적 시선으로부터 얼마나
떨어진 곳일까?

내가 이해할 수 있는 것은 이 풍경이 그리고 있는 육체가,
조물주(그런 게 있다면)가 함께 빚어둔 영혼(그런 게
있다면)이 결코 깃들일 수 없는 장소라는 것이다. 나는
그런 몸을 접한 적이 또 있다는 사실을 깨닫는다. 직접
본 것이 아닌데도 나의 내면에 지워지지 않는 이미지로
새겨진 육체들. 생산라인의 톱니바퀴처럼 일하다
공장에서 몸을 던진 중국 젊은이들의 낙하하는 육체가

그랬고, 뜬장에서 죽음을 목전에 둔 개들의 미동 없는 몸이 그랬다. 설마 그들뿐일까. 우리는 누구나 그 텅 빈 장소를 하나씩 짊어지고 살아간다.

이 노래를 들을 때면 미국의 미술가 카라 워커의 종이 그림이 떠오르기도 한다. 카라 워커는 1969년 캘리포니아에서 태어나 열세 살에 조지아주의 애틀랜타로 이주하면서 인종차별과 아프리카계 미국인으로서의 정체성에 눈을 떴다. 검은 종이를 잘라 윤곽선만으로 사람의 형상을 표현하는 그의 작품은, 얼핏 보면 19세기 빅토리아풍의 우아한 실루엣 그림처럼 보인다. 자세히 들여다보면 그제야 그림이 무엇을 묘사하고 있는지 보인다. 즐겁게만 보이던 숨바꼭질은 사실 총칼에 쫓기는 살육의 현장이고, 다정한 연인의 춤은 광란의 강간으로 모습을 바꾼다. 육체적으로, 성적으로, 정신적으로 핍박받는 존재들의 모습이 아름다운 실루엣 속에 가려져 있다. 어둠으로만 밝혀지는 그림자의 세계 속에서, 그림들은 그리 멀지 않은 과거, 혹은 여전히 누군가의 곁에 남아 있는 악몽을 소환한다.

헌법권리센터의 자료에 따르면 1882년부터 1968년 사이 미국에서 폭도들이 4,743명을 린치했으며, 그중 70% 이상이 아프리카계 미국인이었다고 한다. 1930년대 남부에서 공공연하게 여겨지던 린치 행위를 범죄로 처벌하기 위해, 인종 차별 반대 운동가들은 「이상한 열매」의 가사를 복사해서 상원 의원들에게 부치기도 했다. 한 곡의 노래가 불러일으킨 관심은 백인과 정치인들이 인종차별 테러의 심각성을 더 이상 무시할 수 없게 만들었다.

「이상한 열매」가 만들어진 지 거의 한 세기가 지났다. 노래는 시대를 증거하고 시대에 영향을 미치기도 하지만, 시대의 사슬에서 풀려나 독자적인 삶을 살기도 한다. 이 노래는 한때 시였고, 인권운동의 현장을 흐르는 민중가요였고, 정치적 선언문이었고, 라이브 공연장의 단골 연주곡이었고, 그래미 명예의 전당에 헌액된 재즈 스탠더드였고, 그러다 어떤 순간에 홀연히 다시금 시가 된다. 이상하고, 곱씹을수록 씁쓸한 시가.

23.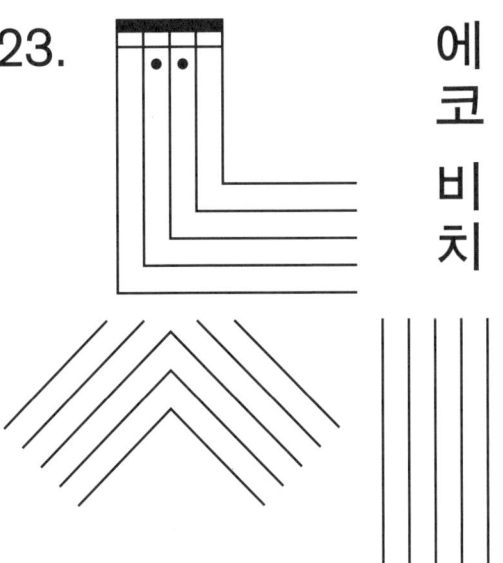

에코 비치

Echo Beach
1980

작사: 마크 게인(Mark Gane)
번역과 글: 이재민

I know it's out of fashion, and a trifle uncool
But I can't help it,
I'm a romantic fool
It's a habit of mine, to watch the sun go down
On Echo Beach,
I watch the sun go down

From nine to five, I have to spend my time at work
My job is very boring, I'm an office clerk
The only thing that helps me pass the time away
Is knowing I'll be back at Echo Beach someday

On a silent summer evening, the sky's alive with lights
A building in the distance, surrealistic sight
On Echo Beach,
Waves make the only sound
On Echo Beach,
There's not a soul around

From nine to five, I have to spend my time at work
My job is very boring, I'm an office clerk
The only thing that helps me pass the time away
Is knowing I'll be back at Echo Beach someday

Echo Beach, far away in time
Echo Beach, far away in time
Echo Beach, far away in time
Echo Beach, far away in time
Echo Beach, far away in time
Echo Beach, far away in time
Echo Beach, far away in time
Echo Beach, far away in time
Echo Beach, far away in time
Echo Beach, far away in time

      Echo Beach, far away in time
      Echo Beach, far away in time
      Echo Beach, far away in time
      Echo Beach, far away in time
      Echo Beach, far away in time
      Echo Beach, far away in time

유행에 뒤떨어지고 쿨하지 못한 걸 알아
하지만 어쩔 수 없어, 난 낭만적인 바보라
해 지는 모습을 바라보는 걸 좋아해
에코 비치에서, 해가 지는 모습을 바라봐

아침 아홉 시부터 저녁 다섯 시까지
하루 종일 지루한 일을 반복하지만
언젠가 돌아갈 에코 비치를 그리며 견뎌내고 있어

조용한 여름날 불빛 가득한 밤하늘
저 멀리 보이는 건물과 초현실적인 풍경
에코 비치에는 파도 소리만 가득해
에코 비치에는 인기척조차 없어

아침 아홉 시부터 저녁 다섯 시까지
하루 종일 지루한 일을 반복하지만
언젠가 돌아갈 에코 비치를 그리며 견뎌내고 있어

저 멀리 에코 비치
에코 비치, 먼 시간의 저편
머나먼 에코 비치
에코 비치, 먼 시간의 저편
에코 비치, 저 멀리 있는
에코 비치, 저 머나먼 시간 속의
에코 비치, 저 멀리 있는
에코 비치, 저 머나먼 시간 속의
에코 비치, 저 머나먼 시간 속의
에코 비치, 저 머나먼 시간 속의

에코 비치, 저 멀리 있는
에코 비치, 저 멀리 있는
에코 비치, 저 멀리 있는
에코 비치, 저 멀리 있는
에코 비치, 저 멀리 있는
에코 비치, 먼 시간의 저편

「에코 비치(Echo Beach)」는 캐나다의 록 밴드 마사 앤 더 머핀스(Martha and the Muffins)가 1980년에 발표한 싱글이다. 「에코 비치」가 해외에서 히트한 유일한 싱글이라 원 히트 원더[1]로 여겨지기도 하지만, 자국 내에서는 다른 인기곡도 많았다고 한다. 이 노래는 현실에서 멀리 떨어진 낙원과 같은 심상을 소재로 한다. 어느 해 여름, 공장에서 일하던 밴드의 멤버 마크 게인(Mark Gane)은 잦은 기계 고장으로 인해 인쇄된 벽지를 되감아 불량을 골라내는 작업을 해야 했고, 그러던 중 떠오른 아이디어로 이 곡을 만들었다고 한다. 검수 과정이 몹시 지루하게 느껴지자, 불현듯 여름날 온타리오 호숫가 서니사이드 비치에서 보냈던 저녁이 떠올랐다고 한다. 인쇄물의 불량을 찾아내는 일의 지난함이라면 나도 잘 알고 있다.

가사 속 화자가 그리는 장소는 가상의 해변이지만, 영국에서 발매한 「에코 비치」의 7인치 싱글 커버 아트워크에는 웬 지도 하나가 간결하게 그려져있다. 마크 게인이 마음속에 품었던 온타리오의 서니사이드 비치는 아니다. 이 지도는 영국 남부 해안에 위치한 체실 비치를 표시하고 있다. 만(灣)의 남쪽으로, 인공적으로 생긴 길쭉한 사주(砂洲)가 놓여있으며, 그 좁고 긴 지형의 양쪽을 오가며 모두 즐길 수 있는 독특한 모양의 해변인 것 같다. 구글맵의 스트리트뷰를 통해서 살펴보면, 좌우로 바다가 펼쳐진 가운데 기다랗게 자리한 해변이 마치 모세가 갈라놓은 홍해처럼 쭉 뻗어있어 장관이다.

---

1. 대중 음악에서 한 개의 곡만 큰 흥행을 거둔 아티스트.

「에코 비치」는 지하철 6호선 삼각지역 근처의 '에코'를 운영하는 우영 씨를 통해 처음 알게 된 노래다. 에코가 어떤 곳인지를 한두 단어로 설명하기는 조금 아쉽다. 에코는 '멜로디 바'라는 태그라인을 달고 있는데, 조명이 어둡고 테이블이 끈적거리는 'LP 바'와도, 귀보다는 몸으로 느끼는 음악이 우세한 '클럽'과도 거리를 두는 적절한 표현이라고 생각한다. 내가 아는 바 중에서 가장 훌륭한 사운드 시스템을 갖춘 곳이며, 누군가와 함께 듣기 좋은 음악을 틀어주고, 또 방금 들었던 레코드를 구입할 수도 있으며, 이국적인 맛과 향의 술을 갖춘, 작지만 특별한 곳이다.

에코는 매해 여름을 기념하며 여러 DJ가 다양한 음악을 소개하는 이벤트를 진행하는데, 행사의 이름인 '에코 비치'도 마사 앤 더 머핀스의 노래에서 이름을 빌려온 것으로 보인다. 내가 이 행사의 포스터 디자인을 본격적으로 맡기 전에 본, 우영 씨가 직접 만든 사전 홍보 이미지는 지도처럼 생겼었다. 왜 지도인지, 어디의 지도인지 궁금했는데 알고 보니 그것이 「에코 비치」 7인치 싱글의 커버 아트워크였다.

설명하지 않아도 무얼 의도했는지 바로 알 수 있었고, 그 의도에 공감하며 나도 포스터를 디자인할 때 체실 비치의 지도를 대뜸 집어넣었다. 지도의 장소가 가상이든 현실이든 중요하지 않았다. 묘하게 생긴 낯선 해안선은 상상을 자극했다. 여름 음악을 즐기고 포스터의 지도를 바라보면서, 각자의 에코 비치를 상상해 볼 수 있겠다 싶었다.

그 지도는 체실 비치에서 시작하지만, 행사가 회차를 거듭하며 조금씩 달라진다. 6, 7, 8월의 매 주말에 해당하는 열두 장의 에코 비치 포스터에 담긴 지도의 좌표는 나와 에코의 방문객을 대신하여 해안가를 따라 동남쪽으로 40km에 걸쳐 조금씩 이동한다. 구글맵의 좌표가 이동하는 동안에 지도는 컴컴한 바다를, 백사장과 조약돌 해변을, 농지와 인가를, 때로는 요트 정박장을 담는다. 덕분에 영국 남부의 해안가를 마치 조물주라도 된 듯이 샅샅이 살펴볼 수 있었다.

SF를 가장한 블랙 코미디 소설『은하수를 여행하는 히치하이커를 위한 안내서(The Hitchhiker's Guide to the Galaxy)』에는 슬라티바트패스트(Slartibartfast)라는 인물이 등장한다. 해안선 만드는 것을 좋아하는 행성 디자이너이며, 그의 대표작이 지구 노르웨이의 피오르 해안이라는 설정이다. 에코 비치의 포스터를 만드는 동안에는 나도 마치 슬라티바트패스트가 된 것 같은 묘한 기분이었다.

노래는 우리를 순식간에 먼 곳에 데려다 놓는 힘이 있다. 먼 나라의 외진 해안가처럼 쉽게 갈 수 없는, 어쩌면 앞으로도 가볼 일 없는 장소도 노래를 통해 '에코 비치'가 된다. 노래를 틀어주는 장소가 음향에 신경 쓴 곳이라면 그 여정과 추억은 더 좋아진다. 정작 생업에 쫓겨 그 쉬운 기회를 즐기기 어렵다는 점이 문제다. 그래서 에코 비치는 여전히 먼 시간의 저편에 있다.

이런저런 이유로 좋은 장소가 사라지는 것도 아쉽다.

요즘 사람들은 한두 번 들른 곳에 곧 흥미를 잃는다. 길게 줄을 서 입장하던 식당도 3~4년을 기점으로 인적이 끊기는 경우가 허다하다. 새로 오픈하는 가게도 인테리어 등 영업 준비를 할 때 오래도록 운영할 것을 고려하지 않는 경향이 눈에 띈다. 모두가 저마다의 에코 비치를 생각하겠지만 어쩌면 그곳은 준비가 된 사람에게만 방문을 허락하는 곳일지도 모르겠다. 그래서 그런지, 내가 마음에 품고 있던 많은 에코 비치들도 아침 열 시부터 저녁 일곱 시까지 일하는 동안 시간 저편으로 멀어져 갔다.

총 6권으로 이루어진 『은하수를 여행하는 히치하이커를 위한 안내서』의 4권에 달린 부제는 「안녕, 그리고 물고기들은 고마웠어요(So long, and thanks for all the fish)」[2]다. 작중에서 돌고래들이 초공간 우회로를 건설하기 위해 파괴되기 직전의 지구를 떠나며 인간에게 남긴 마지막 메시지다. 그리고 젠트리피케이션, 영업 부진, 초공간 우회로 건설 등 무슨 이유로든 곧 사라져 영영 이별해 버릴지도 모르는 에코 비치의 어딘가 한구석에 내가 몰래 적어두고 싶은 말이기도 하다. 그 낙서는 '매일 아침 열 시부터 저녁 일곱 시까지 이곳을 그리며 버틸 수 있었어요'라는 의미지만, 훗날

---

2. 작품 속 설정에서 돌고래는 지구에서 가장 똑똑한 존재다. 지구의 종말이 다가왔음을 먼저 눈치챈 돌고래들은 인간에게 다양한 방법으로 경고한다. 그러나 인간들은 이를 돌고래가 물고기를 받아먹기 위해 펼치는 공중제비로 오해했다. 돌고래가 지구를 떠나기 전에 보낸 마지막 메시지 또한, '휘파람으로 미국의 국가(The Star-Spangled Banner)를 부르며 세 번 공중돌기하는 것'으로 잘못 이해했다. 그러나 그 메시지는 "안녕, 그리고 물고기들은 고마웠어요"였다.

다음 세입자는 '이곳은 전에 생선 요리 안주를 내주는 술집이었나 보구나'라고 잘못 이해할지도 모르겠다.

추신

멜로디 바 에코는 이 책이 발간되기 직전인 2024년 11월 3일을 마지막으로 영업을 종료했다. 지면을 빌어 감사를 전한다.

24. 작은 사람

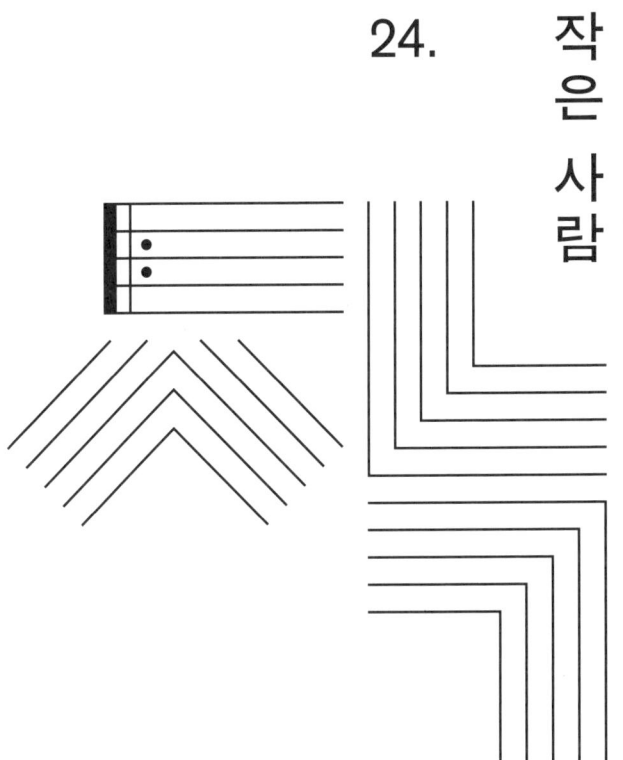

Little Person
2008

작사: 찰리 카우프만과 존 브라이언(Charlie Kaufman & Jon Brion)
번역과 글: 이민휘

I'm just a little person
One person in a sea
Of many little people
Who are not aware of me
I do my little job
And live my little life
Eat my little meals
Miss my little kid and wife

And somewhere, maybe someday
Maybe somewhere far away
I'll find a second little person
Who will look at me and say—
I know you
You're the one I've waited for
Let's have some fun

Life is precious, every minute
And more precious with you in it
So let's have some fun

We'll take a road trip way out west
You're the one I like the best
I'm glad I found you, like hangin' 'round you
You're the one I like the best

난 그저 작은 사람
바다에 있는 한 사람
나에게 관심 없는
많고 많은 작은 이들 속에
난 작은 내 일을 하고
내 작은 삶을 살지
작은 식사를 하고
나의 작은 아이와 아내를 그리워해

어딘가, 아마도 언젠가
아마도 어딘가 먼 곳에
두 번째 작은 누군가를 찾겠지
나를 바라봐 주고 이렇게 말을 해줄—
난 당신을 알아요
당신이 내가 기다려왔던 사람이에요
우리 즐거운 시간을 보내요

삶은 소중하지, 매 순간이
당신이 그 안에 있다면 더 소중할 거야
그러니 우리 즐거운 시간을 보내요

우린 서쪽으로 여행을 갈 거예요
당신이 내가 가장 좋아하는 사람이에요
당신을 찾게 되어, 당신 곁에 있게 되어 기뻐요
당신이 내가 가장 좋아하는 사람이에요

영화 음악에서 가사 있는 노래를 쓰는 것은 가사가 없는 음악을 만드는 것보다 훨씬 부담스러운 일이다. 가창자의 목소리와 영화에 나오는 인물들의 병치를 고려해야 하기 때문이기도 하고, 독립적인 서사의 레이어가 하나 더 추가되는 일이기 때문이다. 가사 있는 영화 음악이 인물도 이야기도 주제도 해치지 않으면서 영화의 모든 요소에 조화롭게 녹아드는 이상적인 경우도 가능하다는 것을, 찰리 카우프만(Charlie Kaufman)의 〈시네도키, 뉴욕(Synecdoche New York)〉에 나오는 존 브라이언(Jon Brion)의「작은 사람 (Little Person)」을 들으면서 알았다.

영화는 케이든이라는 연극 연출가의 삶과 그가 만드는 연극을 통해 창작자와 그의 작업, 예술과 현실이 어떻게 서로를 간섭하는지 치밀하게 좇는다. 딸과 아내가 다른 나라로 떠나버린 뒤 홀로 남겨진 케이든은 현실의 일은 계속 혼동하고 부정하면서도 자신의 작업에 인간의 삶을 담으려는 야망을 놓지 않는다. 결국 그는 자신을 포함해 현실에 존재하는 모든 주변 인물을 극에 세워서 자신의 삶을 거울상으로 한 연극을 기획한다. 이 연극은 현실을 모조리 담으려는 욕심에 사로잡힌 나머지 배우들을 감독하는 제3의 케이든과 인물들까지, 또 그 인물들을 바라보는 인물들까지 극에 세우며 무한히 증식해서 또 다른 세계를 만들기에 이른다. 이 차력과도 같은 영화는 예술이 고통스러운 현실에서 벗어나기 위해, 또는 인간의 삶의 본질을 보여주기 위해 현실을 모사할 때 끊임없이 실패할 수밖에 없다는 것을 직접 보여줌으로써 메타-실패를 도모한다.

이 영화가 나왔던 대학 초년생 때는 적어도 그렇게
생각했다. 직접적인 연출과 피곤한 편집이 참으로
주제와 잘 맞는다고. 작가는 작업과 스스로를 분리하고
싶어 하지만 그것은 불가능하고, 작업에 삶의 비밀이나
본질을 담고 싶어 하지만 그럴수록 형용 모순에
빠지기 때문에 케이든의 연극은 (극 안에서 17년 동안)
완성되지 않으며, 카우프만의 이 영화는 그 얘기를
관객에게 (장장 두 시간 동안) 장황하게 보여준다고.
그런데 15년 만에 이 영화를 다시 보니 케이든과 그의
작업 간의 관계가 아닌, 케이든이라는 개인, 끊임없이
외로움에 시달리는 한 인간이 보였다. 어릴 때 어떻게
그렇게 시니컬하게 이 부분을 지나쳤는지 이해가 되지
않을 만큼 이 영화는 시종일관 케이든이라는 외로운
개인을 비추고 있었다. 케이든의 작품이 그를 압도할
때 우리는 무엇이 예술인지, 무엇을 위해 예술을
하는지 다시금 생각하게 된다.

아직 자신이 고백하지 않은 이야기가 그의 역을 맡은
배우의 입에서 먼저 발화되는 것을 듣고 케이든이
당황할 때처럼, 그의 삶이 연극 때문에 망가지는
것처럼, 작업이 실제를 넘어서는 일은 종종 생긴다.
작업을 할 때 창작자들이 자신의 삶을 (자꾸만) 잊거나
(때로는) 못 본 척하기 때문이다. 하지만 그럴 때에도,
그렇지 않을 때에도 우리는 결국 알게 된다. 삶을
넘어서는 예술은 없고 그런 착각은 인간을 더욱 외롭게
만든다는 것을. 영화 뒤에 흐르는 이 노래를 들을
때마다 그걸 잊지 말아야지, 고개를 주억거리게 된다.
정말 그렇지, 우리는 그저 작은 일을 하는, 많고 많은

작은 사람 중에 좋아하는 사람을 만나 즐거운 시간을 보내길 바라는 또 한 명의 작은 사람일 뿐이다.

25. 경야의 장송곡

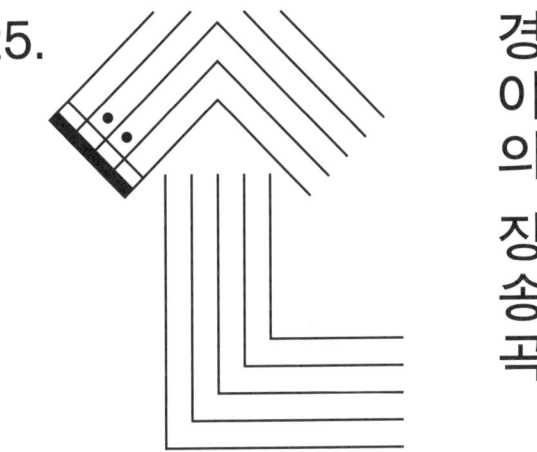

Lyke-Wake Dirge
영국 전통 민요

번역과 글: 송승언

This ae nighte, this ae nighte,
                Every nighte and alle,
Fire and fleet and candle-lighte,
                And Christe receive thy saule.

When thou from hence away art past,
                Every nighte and alle,
To Whinny-muir thou com'st at last;
                And Christe receive thy saule.

If ever thou gavest hosen and shoon,
                Every nighte and alle,
Sit thee down and put them on;
                And Christe receive thy saule.

If hosen and shoon thou ne'er gav'st nane
                Every nighte and alle,
The whinnes sall prick thee to the bare bane;
                And Christe receive thy saule.

From Whinny-muir whence thou may'st pass,
                Every nighte and alle,
To Brig o' Dread thou com'st at last;
                And Christe receive thy saule.

If ever thou gav'st silver and gold,
                Every nighte and alle,
At t' Brig o' Dread thou'lt find foothold,
                And Christe receive thy saule.

But if silver and gold thou never gav'st nane,
                Every nighte and alle,
Down thou tumblest to Hell flame,
                And Christe receive thy saule.

From Brig o' Dread whence thou may'st pass,
                Every nighte and alle,
To Purgatory fire thou com'st at last;
                And Christe receive thy saule.

If ever thou gav'st meat or drink,
                Every nighte and alle,

The fire sall never make thee shrink;
>   And Christe receive thy saule.

If meat or drink thou ne'er gav'st nane,
>   Every nighte and alle,
The fire will burn thee to the bare bane;
>   And Christe receive thy saule.

This ae nighte, this ae nighte,
>   Every nighte and alle,
Fire and fleet and candle-lighte,
>   And Christe receive thy saule.

오늘 밤, 오늘 밤
    매일 밤 그리고 모든 날
난로와 집과 촛불,
    그리스도께서 그대의 영혼을 받으시네

이곳에서 저세상으로 갈 때
    매일 밤 그리고 모든 날
마침내 가시밭에 다다르리
    그리스도께서 그대의 영혼을 받으시네

그대 양말과 신발을 준 적 있다면
    매일 밤 그리고 모든 날
자리에 앉아 그것들을 신어라
    그리스도께서 그대의 영혼을 받으시네

그러나 양말과 신발을 준 적 없다면
    매일 밤 그리고 모든 날
가시가 뼛속까지 찌를 것이라
    그리스도께서 그대의 영혼을 받으시네

그대 가시밭을 지날 수 있다면
    매일 밤 그리고 모든 날
마침내 공포의 다리에 다다르리
    그리스도께서 그대의 영혼을 받으시네

그대 금과 은을 준 적 있다면
    매일 밤 그리고 모든 날

다리를 건널 발판을 찾으리라
> 그리스도께서 그대의 영혼을 받으시네

그러나 금과 은을 준 적 없다면
> 매일 밤 그리고 모든 날
지옥의 불길에 떨어지리라
> 그리스도께서 그대의 영혼을 받으시네

그대 공포의 다리를 지날 수 있다면
> 매일 밤 그리고 모든 날
마침내 연옥의 불에 다다르리
> 그리스도께서 그대의 영혼을 받으시네

그대 먹고 마실 것을 준 적 있다면
> 매일 밤 그리고 모든 날
불은 그대 움츠리게 하지 않으리라
> 그리스도께서 그대의 영혼을 받으시네

그러나 먹고 마실 것을 준 적 없다면
> 매일 밤 그리고 모든 날
불은 그대 뼈 될 때까지 태우리라
> 그리스도께서 그대의 영혼을 받으시네

오늘 밤, 오늘 밤
> 매일 밤 그리고 모든 날
난로와 집과 촛불,
> 그리스도께서 그대의 영혼을 받으시네

옛날 영어로 '라이크(lyke)'는 '시신(corpse)'을 뜻하고 '웨이크(wake)'는 '보다(watch)'를 뜻한다. 즉 '라이크-웨이크'는 죽은 자와 뜬눈으로 함께하는 일이니, 경야(經夜)라고 보면 될 듯하다. '더지(dirge)'는 죽은 이를 위한 애도가, 장송곡을 가리킨다.

노래가 전하는 바는 단순하고 명료하다. 산 자가 죽은 자를 떠나보내며 전하는 노래로, 이승에서 베풀고 살았으면 저승에서 고통받지 않을 것이고 그렇지 않았다면 고통받을 것이라는 이야기를 담고 있다. 나는 이 가사가 참된 행복이 아니라 오직 최후의 고통을 마주하는 일과 이를 벗어나는 일에 관해서만 이야기하고 있다는 점이 흥미롭다. 이 노래가 널리 불렸을 당시 사람들의 세계 인식이 어렴풋이 느껴지기 때문이다. 가사를 들여다보면 천국보다는 지옥을 더 많이 생각하며 신앙 안에서 생활하던 이들의 목소리가 들리는 것만 같다.

「라이크-웨이크 더지」는 기독교 시대에 불린 노래이지만 인도-유럽인의 민간 전승이 섞인 듯한 상징들이 보인다. 오늘날 널리 불리는 가사는 존 오브리(John Aubrey)가 남긴 책 『이교주의와 유대주의의 잔재(The Remains of Gentilisme and Judaisme)』(1686)에 수록된 판본을 바탕으로 각색된 것으로 알려져 있다. 노래는 1620년경까지 거슬러 올라가며 스코틀랜드와 잉글랜드 북부, 요크셔에까지 퍼졌다고 한다.

이 민요는 현대에 와서도 여러 번 새롭게 불렸다. 이 글에서 모두 소개할 수는 없지만 몇 곡만 짚어보려 한다. 포크 그룹 더 영 트래디션(The Young Tradition)의 셀프 타이틀 음반(1966)에 수록된 버전은 오늘날 불리는 「라이크-웨이크 더지」의 기준점이다. 한스 프리드(Hans Fried)라는 사람은 스코틀랜드인 할머니 페기 리차즈(Peggy Richards)로부터 이 노래를 익혔다. 프리드의 회상에 따르면 리차즈 할머니가 부른 노래는 1909년 로버트 볼튼(Robert Boulton)이 남긴 모음집인 『송스 오브 더 노스(Songs of the North)』를 바탕으로 하나, 그가 무의식중에 좀 더 민속적인 느낌으로 바꿨다고 한다. 그는 이 노래를 더 영 트래디션에게 가르쳐 주었으며, 이후에는 더 영 트래디션의 버전으로 세상에 다시 널리 알려지게 되었다.

1960년대를 대표하는 포크 밴드 더 펜탱글(The Pentangle)이 『바스켓 오브 라이트(Basket of Light)』(1969)에 수록한 버전 또한 오래되고 유명한 「라이크-웨이크 더지」 중 하나이다. 재키 맥시(Jacqui Mcshee)를 중심으로 존 렌본(John Renbourn)과 테리 콕스(Terry Cox)가 함께하는 성스럽고 황홀한 하모니가 인상적이며, 이 노래가 불리는 순간의 정황을 사운드에 녹여내려 한 고민이 느껴진다. 펜탱글의 버전은 1969년 UK 차트 5위까지 올랐다.

1970년대 포크 밴드를 언급하자면 빼놓을 수 없는 스틸아이 스팬(Steeleye Span) 또한 이 노래를 불렀다. 그들은 70년대에 라이브 공연을 하며 이 곡을 자주 불렀으나 2002년 전까지 스튜디오 녹음을 하지는 않았다. 밴드가 해체를 거친 뒤 2002년 재결합하며 내놓은 기념 음반『프레젠트―더 베리 베스트 오브 스틸아이 스팬(Present―The Very Best of Steeleye Span)』에서 당시를 회상하며 이 노래를 수록했다. 리드 보컬인 매디 프라이어(Maddy Prior)가 젊었을 때 녹음되었다면 더 펜탱글의 버전과 비교하는 게 더 흥미로웠을 텐데 개인적으로는 아쉬운 감이 있다.

버피 세인트 마리(Buffy Sainte-Marie)의 버전은 가사만 전승을 따르고 곡은 아예 새로 쓴 것으로, 한 편의 음산한 연극처럼 구성되어 있다. 수록된 음반의 이름이『파이어 플리트 앤드 캔들라이트(Fire Fleet And Candlelight)』(1967)인 부분에서 민요를 새로운 감각으로 해석해 선보이겠다는 야심이 느껴지는데, 발매 연도와 장르를 감안하면 꽤 전위적인 면모가 있다. 이 음반을 듣는다면 그녀의 영향을 받았을 숱한 여성 뮤지션들이 뇌리를 스칠지도 모른다.

유명하진 않지만 음반『로즈메리 레인(Rosemary Lane)』(1979)을 남겨 포크 청자들에게 컬트적인 지지를 받았던 틱카윈다(Tickawinda) 또한 이 노래를 불렀다. 이들의 버전은 더 영 트래디션과 더 펜탱글의 어느 사이쯤에 있는 듯이 들린다.

알라스데어 로버츠(Alasdair Roberts)가『노 어슬리 맨(No Earthly Man)』(2005)에 수록한 버전은 로버츠가 홀로 부르는 절과 합창하는 후렴구를 오가며 진중하고 어두운 분위기를 유지하다가 한동안 아름다운 하프의 자유 연주로 흘러가는 것이 꽤 인상적이다.

맷 버닝거(Matt Berninger)와 앤드루 버드(Andrew Bird)의 버전은 고풍스러운 구성과 무거운 분위기로 시작하지만 점차 분위기가 고조되며 전자 기타의 신경질적인 소음으로 마무리된다. 대형 콘서트 무대에 어울릴 법한 구성인데, 전통적인 느낌이 많이 희석되어서 개인적으로는 아쉽다. 내가 전통 포크 음악에서 가장 중요하게 생각하는 것이 있다면 살아본 적 없는 그때를 재현하려 하는 데서 오는 충실한 경외와 더불어 결코 그것을 재현할 수 없음에서 발생하는 시대착오적 오류다. 그것을 어떻게 알 수 있나? 너무 자의적인 개념은 아닐까? 그럴지도. 하지만 나는 이 장르를 오래 들어온 사람이라면 누구나 분명하게 알 수 있는 감각이라고 생각한다. (그 재현이 단순히 전통 악기를 썼느냐 전자 악기를 썼느냐 등으로 구분되는 것은 아니다.)

내가 가장 사랑하는 「라이크-웨이크 더지」는 디 아이디타로드(The Iditarod)와 섀런 크라우스(Sharron Kraus)가 『율타이드(Yuletide)』(2002)에 수록한 버전이다. 그 음악가들 본래의 기질대로 이 버전은 아주 어둡다. 카린 와그너(Carin Wagner)와 섀런 크라우스의 목소리가 서로 다른 음역대에서 둔중하게 노래하고, 제프리 알렉산더(Jeffrey Alexander)의 기타와 다른 여러 사운드는 고전적인 정서를 유지하면서도 결코 숨겨지지 않는 특유의 전위적 면모를 곳곳에 배치하고 있다. 노래가 끝난 뒤에도 아주 오래

이어지는 합주는 마치 오늘 밤 그대가 가야 할 길이, 그리고 훗날 우리가 가야 할 길이 아주 멀고 험난할 것이라고 알려주는 듯하다.

「라이크-웨이크 더지」는 슬프다기보다는 죄의식에 짓눌린 듯이 엄숙해서, 마치 종교 재판에 회부된 영혼을 두고서 부르는 배심원들의 노래 같다. 중요한 점이 있다면 그 배심원들은 회부된 영혼을 가장 사랑하는 이들이라는 것이다. 가장 가깝고 사랑하는 사람들이니 영혼의 긴 여정에 밤새 뜬눈으로 함께하며 노래를 띄워 보내는 것이 아니겠는가.

그렇게 사랑하는 이들과 얼마간 함께한다 하더라도 영혼은 끝내 그 길을 혼자 가야 한다. 영혼은 사랑을 잊고, 세계를 잊고, 자신을 잊을 것이다. 우리가 그를 아무리 사랑한다 하더라도 그것만은 막을 수 없다.

그러나 영혼이 떠난 뒤에도 사랑은 계속된다. 사랑하는 이의 죽음은 남겨진 이들의 사랑을 영원의 영역에 머무르게 한다. 이제 그 사랑은 훼손되지 않는다. 그가 잊히고, 그를 사랑하는 이들이 잊힌 뒤에도 계속 이어지는 노래처럼.

노래 정보

노래 정보는 작사가, 작곡가, 가수, 저작권 관리처, 수록 앨범 순이며, 여러 가수가 부른 노래인 경우 앞의 글에서 주로 언급한 버전을 표기했다.

My Favorite Things
    written by Oscar Hammerstein II & Richard Rodgers
    composed by Oscar Hammerstein II & Richard Rodgers
    performed by Julie Andrews
    published by Williamson Music Co.
    〈The Sound of Music〉(1965)

Águas de Março
    written by Antonio Carlos Jobim
    composed by Antonio Carlos Jobim
    performed by Antonio Carlos Jobim & Elis Regina
    published by Fujipacific Music Korea Inc.
    『Águas de Março』(1974)

Holland, 1945
    written by Jeff Mangum
    composed by Jeff Mangum
    performed by Neutral Milk Hotel
    published by Universal Music Group
    『In the Aeroplane Over the Sea』(1998)

Cachita
    written by Bernardo Sancristóbal
    composed by Rafael Hernández Marín
    performed by Omara Portuondo
    published by Music Cube, Inc.
    『Gracias』(2008)

Angeles
> written by Elliott Smith
> composed by Elliott Smith
> performed by Elliott Smith
> published by Kill Rock Stars
> 『Either/Or』(1997)

めぐりあい
> written by 井荻 麟
> composed by 井上大輔
> performed by 井上大輔
> published by King Record Co. Ltd
> 〈機動戦士ガンダム III: めぐりあい宇宙〉(1982)

Papa was a Rodeo
> written by Stephin Merritt
> composed by Stephin Merritt
> performed by Magnetic Fields
> published by Gay and Loud(ASCAP)
> 『69 Love Songs』(1999)

Interstate Roads
> written by Natural Snow Buildings
> composed by Natural Snow Buildings
> performed by Natural Snow Buildings
> 『The Dance of the Moon and the Sun』(2006)

Love
> written by John Lennon
> composed by John Lennon
> performed by John Lennon
> published by Universal Music International
> 『John Lennon/Plastic Ono Band』(1970)

Head Over Heels
> written by Orzabal Roland & Smith Curt
> composed by Orzabal Roland & Smith Curt
> performed by Tears for Fears
> published by EMI Virgin Music Ltd.
> 『Songs from The Big Chair』(1985)

Seaweed
> written by Phillip Elverum
> composed by Phillip Elverum
> performed by Mount Eerie
> published by More Emptiness Songs(BMI)
> 『A Crow Looked at Me』(2017)

Parachute
> written by Sean Ono Lennon
> composed by Sean Ono Lennon
> performed by Sean Ono Lennon
> published by EMI Music Publishing
> 『Friendly Fire』(2006)

Open Book
> written by Tahiti 80
> composed by Tahiti 80
> performed by Tahiti 80
> published by Atmo Songs
> 『Wallpaper for the Soul』(2002)

Case of You
> written by Joni Mitchell
> composed by Joni Mitchell
> performed by Joni Mitchell
> published by Fujipacific Music Korea Inc.
> 『Blue』(1971)

Solid Air
> written by John Martyn
> composed by John Martyn
> performed by John Martyn
> published by Warlock Music Ltd.(ASCAP)
> 『Solid Air』(1973)

Feeling Good
> written by Anthony Newley & Leslie Bricusse
> composed by Anthony Newley & Leslie Bricusse
> performed by Nina Simone
> published by Musical Comedy Productions
> 『I Put a Spell on You』(1965)

Find the River
>   written by Michael Stipe
>   composed by R.E.M.
>   performed by R.E.M.
>   published by Universal Music International
>   『Automatic for the People』(1992)

Bundles
>   written by Mariee Sioux
>   composed by Mariee Siou
>   performed by Mariee Sioux
>   published by Tunecore Publishing(ASCAP)
>   『Faces in the Rocks)』(2007)

Ich Bin der Welt Abhanden Gekommen
>   written by Friedrich Rückert
>   composed by Gustav Mahler

One of Us Cannot Be Wrong
>   written by Leonard Cohen
>   composed by Leonard Cohen
>   performed by Leonard Cohen
>   published by Sony Music Publishing
>   『Songs of Leonard Cohen』(1967)

Complex
>   written by Katie Gregson-MacLeod
>   composed by Katie Gregson-MacLeod
>   performed by Katie Gregson-MacLeod
>   published by Kobalt Music Group, Ltd.
>   『Songs Written for Piano』(2022)

Strange Fruit
>   written by Abel Meeropol
>   composed by Abel Meeropol
>   performed by Billie Holiday
>   published by Wise Music Corp.
>   『Strange Fruit』(1939)

Echo Beach
> written by Mark Gane
> composed by Mark Gane
> performed by Martha and the Muffins
> published by BGM VM Music Limited
> 『Metro Music』(1980)

Little Person
> written by Chalie Kaufman & Jon Brion
> composed by Chalie Kaufman & Jon Brion
> performed by Deanna Storey
> published by Kobalt Music Group, Ltd.
> 『Synedoche, New York』 OST(2008)

Lyke-Wake Dirge
> written by John Aubrey
> traditional english folk song

ISBN 979-11-986502-5-2 03810

초판 1쇄 발행 2024년 11월 4일

남의 노래

번역과 글:
김영글
송승언
이민휘
이재민
최진규

작사:
내추럴 스노 빌딩스
레너드 코헨
리처드 로저스와 오스카 해머스타인 2세
마리 수
마이클 스타이프
마크 게인
베르나르두 산크리스토발
션 오노 레논
스테핀 메리트
아벨 미로폴
안소니 뉴리와 레슬리 브리커스
안토니우 카를루스 조빙
엘리엇 스미스
이오기 린
제프 맹검
조니 미첼
존 레논
존 마틴
존 오브리
찰리 카우프만과 존 브라이언
케이티 그렉슨 매클라우드
타히티 80
티어스 포 피어스
프리드리히 뒤케르트
필 엘버럼

펴낸곳: 돛과닻
편집: 김영글
디자인: 이재민

돛과닻
등록 2019년 11월 15일
제2019-000091호
서울시 은평구 증산서길 101-6, 201호
sailandanchor.info@gmail.com
sailandanchor.net
instagram @sailandanchor

책값 19,000원